Cucina Mediterranea
Sapori Autentici per Ogni Occasione

Elena Rossi

Sommario

Linguine ai frutt di mare 10

Gusti di gamberetti allo zenzero e pomodoro 12

Gamberetti e pasta 15

Merluzzo bollito 17

Cozze al vino bianco 19

Salmone con aneto 21

Salmone semplice 23

Tonno al tonno 24

Formaggio di mare 25

Bistecche sane 26

Salmone alle erbe 27

Tonno glassato affumicato 28

Ippoglosso croccante 29

Adatto per il tonno 30

Bistecche di pesce calde e fresche 31

Vongole O'Marine 32

Arrosto di bistecca mediterranea a cottura lenta 33

Bistecca mediterranea con carciofi a cottura lenta 35

Brasato magro in stile mediterraneo a cottura lenta 37

Polpettone a cottura lenta 39

Manzo mediterraneo a cottura lenta 41

Arrosto di maia e alla mediterranea 43

Pizza alla bistecca 45

Polpette Di Manzo E Bulgur 48

Manzo e broccoli deliziosi 50

Peperoncino di mais e manzo 51

Piatto di bistecca al balsamico 52

Bistecca con salsa di soia 54

Bistecca di manzo al rosmarino 56

Braciola di maiale e salsa di pomodoro 58

Pollo con salsa di capperi 59

Hamburger di tacchino con salsa di mango 61

Petto di tacchino arrosto alle erbe 63

Salsiccia di pollo e paprika 65

Piccata di pollo 67

Una teglia di pollo alla toscana 69

Pollo Kapama 71

Petto di pollo ripieno di spinaci e feta 73

Cosce di pollo al rosmarino 75

Pollo con cipolle, patate, fichi e carote 75

Pollo al Gyros con Tzatziki 77

Musaka 79

Filetto di maiale di Digione ed erbe aromatiche 82

Bistecca con salsa di funghi al vino rosso 84

polpette greche 87

Agnello con fagioli 89

Pollo in padella con salsa di pomodoro e aceto balsamico 91

Insalata di riso integrale, feta, piselli freschi e menta 93

Pane pita integrale ripieno di olive e ceci 95

Carote arrostite con noci e fagioli cannellini 97

Pollo al burro speziato 99

Pollo al bacon con doppio formaggio 101

Gamberetti al limone e pepe 103

Halibut impanato e condito 105

Salmone al curry con serape 107

Salmone in crosta di noci e rosmarino 109

Spaghetti veloci al pomodoro 111

Formaggio fritto con peperoncino origano 113

311. Pollo italiano croccante 113

Muffin alla pizza con quinoa 115

Pane alle noci e rosmarino 117

Panini deliziosi e granchi 120

Pizza e dolci perfetti 122

Margherita modello mediterraneo 125

Parti da picnic portatili imballate 127

Frittata ripiena di succose zucchine e crema di pomodoro 128

Pane alla banana e panna acida 130

Pane pita fatto in casa 132

Panino con focaccia 134

Piatto di mezze con pane Zaatar Pita tostato 136

Mini shawarma di pollo 138

Pizza alle melanzane 140

Pizza integrale mediterranea 142

Pita al forno con spinaci e feta 143

Feta di anguria e pizza al balsamico 145

Hamburger misti piccanti 146

Prosciutto - Insalata - Panino con pomodoro e avocado 148

Torta di spinaci 150

Hamburger di pollo grasso ... 152
Per tacos di maiale arrosto ... 154
Torta italiana di mele e olio d'oliva ... 156
Tilapia veloce con cipolla rossa e avocado ... 159
Pesce alla griglia al limone ... 161
Cena a base di pesce a Ukenatslaken ... 163
Bastoncini di polenta croccanti ... 165
Cena a base di salmone in casseruola ... 167
Hamburger toscani di tonno e zucchine ... 169
Piatto di cavolo riccio e tonno siciliano ... 171
Stufato di merluzzo mediterraneo ... 173
Cozze al vapore in salsa al vino bianco ... 175
Gamberi all'arancia e all'aglio ... 177
Gnocchi di gamberi fritti al forno ... 179
Puttanesca Di Gamberi Piccanti ... 181
Panini al tonno italiani ... 183
Involtino di insalata di salmone e aneto ... 185
Torta di pizza alle vongole bianche ... 187
Farina di pesce con fagioli al forno ... 189
Merluzzo con funghi arrosto ... 190
Pesce spada piccante ... 192
Mania della pasta alle acciughe ... 194
Pasta con gamberi e aglio ... 195
Salmone all'aceto e miele ... 197
Farina di pesce all'arancia ... 198
Zoodles di gamberetti ... 199
Piatto di trota agli asparagi ... 200

Cavolo riccio, olive, tonno 202

Gamberoni piccanti al rosmarino 204

Salmone agli asparagi 206

Insalata di tonno e noci 207

Zuppa cremosa di gamberi 209

Salmone piccante con quinoa vegetale 211

Trota alla senape con mele 213

Gnocchi con gamberi 215

Gamberetti Saganaki 217

Salmone del Mediterraneo 219

Linguine ai frutti di mare

Tempo di preparazione: 10 minuti

Tempo di cottura: 35 minuti

Porzioni: 2

Difficoltà: Difficile

Ingredienti:

- 2 spicchi d'aglio, tritati
- 4 once di linguine integrali
- 1 cucchiaio di olio d'oliva
- 14 once di pomodori, in scatola e tagliati a dadini
- 1/2 cucchiaio di scalogno, tritato finemente
- 1/4 bicchiere di vino bianco
- Sale marino e pepe nero a piacere
- 6 gusci di ciliegie, puliti
- 4 once di tilapia, tagliate a strisce da 1 pollice
- 4 once di capesante di mare secche
- 1/8 tazza di parmigiano grattugiato
- 1/2 cucchiaino di maggiorana, tritata e fresca

Itinerario:

Far bollire l'acqua nella pentola, quindi cuocere la pasta fino a renderla morbida, operazione che richiede circa otto minuti. Poi filtrare e sciacquare la pasta.

Scaldare l'olio in una padella larga a fuoco medio, quindi aggiungere l'aglio e lo scalogno quando l'olio è caldo. Cuocere per un minuto, mescolando spesso.

Aumentare il fuoco a medio prima di aggiungere sale, vino, pepe e pomodori e portare a ebollizione. Cuocere per un altro minuto.

Aggiungete poi le vongole, coprite e fate cuocere per altri due minuti.

Unire poi la maggiorana, le capesante e il pesce. Proseguire la cottura fino a quando il pesce sarà cotto e le vongole aperte. L'operazione può richiedere fino a cinque minuti ed eliminerà tutte le vongole che non si aprono.

Versare il sugo e le vongole sulla pasta, spolverizzare con parmigiano e maggiorana prima di servire. Servire caldo.

Nutrienti (per 100g): 329 calorie 12 g di grassi 10 g di carboidrati 33 g di proteine 836 mg di sodio

Gusti di gamberetti allo zenzero e pomodoro

Tempo di preparazione: 10 minuti

Tempo di cottura: 15 minuti

Porzioni: 2

Difficoltà: Difficile

Ingredienti:

- 1 1/2 cucchiaio di olio vegetale
- 1 spicchio d'aglio, tritato finemente
- 10 gamberoni extra large, sgusciati e privati delle code
- 3/4 cucchiaio di avannotti, grattugiati e sbucciati
- 1 pomodoro verde, tagliato a metà
- 2 pomodorini, tagliati a metà
- 1 cucchiaio di succo di limone, fresco
- 1/2 cucchiaino di zucchero
- 1/2 cucchiaio di semi di jalapeno, freschi e tritati
- 1/2 cucchiaio di basilico, fresco e tritato
- 1/2 cucchiaio di coriandolo, tritato e fresco
- 10 lance
- Sale marino e pepe nero a piacere

Itinerario:

Immergere gli spiedini in mezzo metro d'acqua per almeno mezz'ora.

Mescolare l'aglio e lo zenzero in una ciotola, trasferirne la metà in una ciotola più grande e condire con due cucchiai di olio. Aggiungere i gamberi, assicurandosi che siano ben ricoperti.

Coprire e riporre in frigorifero per almeno mezz'ora, quindi lasciare raffreddare.

Preriscaldare la griglia e ungere leggermente le griglie con olio. Prendere una ciotola e condire le prugne e i pomodorini verdi con il rimanente cucchiaio di olio, aggiustare di sale e pepe.

I pomodori vengono grigliati con la parte tagliata rivolta verso l'alto e la loro pelle è carbonizzata. La polpa dei pomodori deve essere morbida; per i pomodorini datterini dovrebbero volerci circa 4-6 minuti e per i pomodori verdi circa 10 minuti.

Togliere la buccia quando i pomodori sono abbastanza freddi da poter essere maneggiati e scartare i semi. Tagliare la polpa del pomodoro a pezzetti e aggiungerla allo zenzero e all'aglio messi da parte. Aggiungere lo zucchero, il jalapeno, il succo di lime e il basilico.

Condire i gamberi con sale e pepe e infilarli negli spiedini, quindi grigliarli fino a renderli opachi, circa due minuti per lato. Mettete i gamberetti su un piatto e buon appetito.

Nutrienti (per 100g): 391 calorie 13 g di grassi 11 g di carboidrati 34 g di proteine 693 mg di sodio

Gamberetti e pasta

Tempo di preparazione: 10 minuti

Tempo di cottura: 10 minuti

Porzioni: 2

Difficoltà: media

Ingredienti:

- 2 tazze di pasta Angel Hair, cotta
- Gamberetti medi da 1/2 libbra, sbucciati
- 1 spicchio d'aglio, tritato finemente
- 1 tazza di pomodori, tritati
- 1 cucchiaino di olio d'oliva
- 1/6 tazza di olive Kalamata, snocciolate e tritate
- 1/8 tazza di basilico, fresco e affettato sottilmente
- 1 cucchiaio di capperi, scolati
- 1/8 tazza di formaggio feta, sbriciolato
- Un pizzico di pepe nero

Itinerario:

Cuocere la pasta secondo le indicazioni sulla confezione, quindi scaldare l'olio d'oliva in una padella a fuoco medio-alto. Soffriggere l'aglio per mezzo minuto, quindi aggiungere i gamberi. Cuocere per un altro minuto.

Aggiungere il basilico e i pomodori, quindi abbassare la fiamma e cuocere a fuoco lento per tre minuti. I pomodori dovranno risultare morbidi.

Unire le olive e i capperi. Aggiungere un pizzico di pepe nero e mescolare insieme il composto di gamberi e pasta per servire. Cospargere di formaggio prima di servire.

Nutrienti (per 100g): 357 calorie 11 g di grassi 9 g di carboidrati 30 g di proteine 871 mg di sodio

Merluzzo bollito

Tempo di preparazione: 10 minuti

Tempo di cottura: 25 minuti

Porzioni: 2

Difficoltà: media

Ingredienti:

- 2 filetti di merluzzo, 6 once
- Sale marino e pepe nero a piacere
- 1/4 bicchiere di vino bianco secco
- 1/4 tazza di brodo di frutti di mare
- 2 spicchi d'aglio, tritati finemente
- 1 foglia di alloro
- 1/2 cucchiaino di salvia, fresca e tritata finemente
- 2 rametti di rosmarino per la decorazione

Itinerario:

Per prima cosa accendi il forno a 375 gradi, quindi condisci i filetti con sale e pepe. Metterli in una padella e aggiungere brodo, aglio, vino, salvia e alloro. Coprire bene e cuocere per venti minuti. Il pesce dovrebbe risultare friabile se provato con la forchetta.

Staccare ogni filetto con una spatola, mettere il liquido a fuoco vivace e cuocere per due. Ci vogliono dieci minuti e devi mescolare spesso. Servire versato nel liquido Orvvadŏr e guarnito con un rametto di rosmarino.

Nutrienti (per 100g): 361 calorie 10 g di grassi 9 g di carboidrati 34 g di proteine 783 mg di sodio

Cozze al vino bianco

Tempo di preparazione: 5 minuti

Tempo di cottura: 10 minuti

Porzioni: 2

Difficoltà: Difficile

Ingredienti:

- 2 libbre. Vongole vive, fresche
- 1 bicchiere di vino bianco secco
- 1/4 cucchiaino di sale marino, fine
- 3 spicchi d'aglio, tritati finemente
- 2 cucchiaini di scalogno, tagliato a dadini
- 1/4 tazza di prezzemolo, fresco e tritato finemente, diviso
- 2 cucchiai di olio d'oliva
- nel succo di 1/4 di limone

Itinerario:

Prendi uno scolapasta e strofina le vongole, quindi risciacquale con acqua fredda. Scartare le vongole che non si chiudono quando vengono picchiettate, quindi sbucciarle ciascuna con un paio di cesoie.

Togliere la padella, mettere a fuoco medio-alto e aggiungere l'aglio, lo scalogno, il vino e il prezzemolo. Lascialo bollire. Quando bolle in modo uniforme, aggiungere le vongole e coprire. Lasciali cuocere a fuoco lento per cinque-sette minuti. Fare attenzione a non cuocerli troppo.

Toglieteli con una schiumarola e aggiungete nella pentola il succo di limone e l'olio d'oliva. Mescolare bene e versare il brodo sulle cozze prima di servire con il prezzemolo.

Nutrienti (per 100g): 345 calorie 9 g di grassi 18 g di carboidrati 37 g di proteine 693 mg di sodio

Salmone con aneto

Tempo di preparazione: 10 minuti
Tempo di cottura: 15 minuti
Porzioni: 2
Difficoltà: media

Ingredienti:

- 2 filetti di salmone, 6 once ciascuno
- 1 cucchiaio di olio d'oliva
- 1/2 mandarino, succo
- 2 cucchiaini di buccia d'arancia
- 2 cucchiai di aneto, fresco e tritato finemente
- Sale marino e pepe nero a piacere

Itinerario:

Preriscaldare il forno a 375 gradi, quindi estrarre due fogli di alluminio da dieci pollici. Ungere entrambi i lati dei filetti con olio d'oliva prima di condire con sale e pepe, quindi posizionare ciascun filetto in un foglio di carta stagnola.

Irrorare ciascuna con il succo d'arancia, quindi cospargerla con la buccia d'arancia e l'aneto. Piegare la confezione, lasciando due pollici di spazio d'aria nella pellicola affinché i pesci possano cuocere a vapore, quindi posizionarli su una teglia.

Cuocere per quindici minuti prima di aprire le confezioni e trasferire su due piatti da portata. Prima di servire, versare sopra ognuno la salsa.

Nutrienti (per 100g): 366 calorie 14 g di grassi 9 g di carboidrati 36 g di proteine 689 mg di sodio

Salmone semplice

Tempo di preparazione: 8 minuti
Tempo di cottura: 8 minuti
Porzioni: 2
Difficoltà: Facile

Ingredienti:

- Salmone, filetto da 6 once
- Limone, 2 fette
- Capperi, 1 cucchiaio
- Sale marino e pepe, 1/8 cucchiaino
- Olio extra vergine di oliva, 1 cucchiaio

Itinerario:

Metti una padella pulita a fuoco medio e cuoci per 3 minuti. Mettete l'olio d'oliva su un piatto e coprite completamente il salmone. Friggere il salmone in una padella a fuoco vivace.

Spennellate la parte superiore del salmone con gli altri ingredienti e friggetelo da entrambi i lati. Nota se entrambi i lati sono marroni. Potrebbero essere necessari 3-5 minuti per lato. Assicuratevi che il salmone sia cotto facendo la prova con una forchetta.

Servire con fette di limone.

Nutrienti (per 100g): 371 calorie 25,1 g di grassi 0,9 g di carboidrati 33,7 g di proteine 782 mg di sodio

Tonno al tonno

Tempo di preparazione: 20 minuti
Tempo di cottura: 20 minuti
Porzioni: 2
Difficoltà: Facile

Ingredienti:

- Tonno, 12 grammi
- Cipolla verde, 1 per la decorazione
- Pepe della California, ¼, tritato
- Aceto, 1 goccia
- Sale e pepe a piacere
- Avocado, 1, tagliato a metà e snocciolato
- Yogurt greco, 2 cucchiai

Itinerario:

Mescolare in una ciotola il tonno con aceto, cipolla, yogurt, avocado e pepe.

Aggiungere le spezie, mescolare e servire con guarnitura di cipolla verde.

Nutrienti (per 100g): 294 calorie 19 g di grassi 10 g di carboidrati 12 g di proteine 836 mg di sodio

Formaggio di mare

Tempo di preparazione: 12 minuti

Tempo di cottura: 25 minuti

Porzioni: 2

Difficoltà: Facile

Ingredienti:

- Salmone, filetto da 6 once
- basilico secco, 1 cucchiaio
- Formaggio, 2 cucchiai, grattugiato
- Pomodoro, 1, a fette
- Olio extra vergine di oliva, 1 cucchiaio

Itinerario:

Preparare un forno a 375F. Foderare una teglia con un foglio di alluminio e irrorare con olio da cucina. Trasferisci con attenzione il salmone nella padella e versaci sopra il resto degli ingredienti.

Lasciare rosolare il salmone per 20 minuti. Lasciare raffreddare per cinque minuti, quindi trasferire su un piatto. Vedrai la copertura al centro del salmone.

Nutrienti (per 100g): 411 calorie 26,6 g di grassi 1,6 g di carboidrati 8 g di proteine 822 mg di sodio

Bistecche sane

Tempo di preparazione: 10 minuti
Tempo di cottura: 20 minuti
Porzioni: 2
Difficoltà: Facile

Ingredienti:

- Olio d'oliva, 1 cucchiaino
- Bistecca di halibut, 8 grammi
- Aglio, ½ cucchiaino, tritato finemente
- Burro, 1 cucchiaio
- Sale e pepe a piacere

Itinerario:

Scaldare una padella e aggiungere l'olio. Friggere le bistecche in una padella a fuoco medio, sciogliere il burro con l'aglio, sale e pepe. Aggiungi le bistecche, mescola per unire e servi.

Nutrienti (per 100g): 284 calorie 17 g di grassi 0,2 g di carboidrati 8 g di proteine 755 mg di sodio

Salmone alle erbe

Tempo di preparazione: 8 minuti

Tempo di cottura: 18 minuti

Porzioni: 2

Difficoltà: Facile

Ingredienti:

- Salmone, 2 filetti senza pelle
- Sale grosso a piacere
- Olio extra vergine di oliva, 1 cucchiaio
- Limone, 1, a fette
- Rosmarino fresco, 4 rametti

Itinerario:

Preriscaldare il forno a 400F. Mettete un foglio di alluminio in una pirofila e adagiatevi sopra il salmone. Spennellate la parte superiore del salmone con gli altri ingredienti e infornate per 20 minuti. Servire subito con una fetta di limone.

Nutrienti (per 100g): 257 calorie 18 g di grassi 2,7 g di carboidrati 7 g di proteine 836 mg di sodio

Tonno glassato affumicato

Tempo di preparazione: 35 minuti
Tempo di cottura: 10 minuti
Porzioni: 2
Difficoltà: Facile

Ingredienti:

- Tonno, bistecca da 4 once
- Succo d'arancia, 1 cucchiaio
- Aglio tritato finemente, ½ spicchio
- Succo di limone, ½ cucchiaino
- Prezzemolo fresco, 1 cucchiaio, tritato
- Salsa di soia, 1 cucchiaio
- Olio extra vergine di oliva, 1 cucchiaio
- Pepe nero macinato, ¼ di cucchiaino
- Origano, ¼ di cucchiaino

Itinerario:

Scegliete un piatto misto e aggiungete tutti gli ingredienti tranne il tonno. Mescolare bene, quindi aggiungere il tonno alla marinata. Mettete questo composto in frigo per mezz'ora. Scaldate una padella antiaderente e cuocete il tonno per 5 minuti per lato. Servire cotto.

Nutrienti (per 100g): 200 calorie 7,9 g di grassi 0,3 g di carboidrati 10 g di proteine 734 mg di sodio

Ippoglosso croccante

Tempo di preparazione: 20 minuti

Tempo di cottura: 15 minuti

Porzioni: 2

Difficoltà: Facile

Ingredienti:

- Completare con prezzemolo
- Aneto fresco, 2 cucchiai, tritato
- Erba cipollina fresca, 2 cucchiai, tritata
- Olio d'oliva, 1 cucchiaio
- Sale e pepe a piacere
- Halibut, filetto, 6 once
- Buccia di limone, ½ cucchiaino, grattugiata finemente
- Yogurt greco, 2 cucchiai

Itinerario:

Preriscaldare il forno a 400F. Foderare una teglia con un foglio di alluminio. Metti tutti gli ingredienti su un piatto largo e marina il filetto. Sciacquare e asciugare il filetto; quindi infornare e cuocere per 15 minuti.

Nutrienti (per 100g): 273 calorie 7,2 g di grassi 0,4 g di carboidrati 9 g di proteine 783 mg di sodio

Adatto per il tonno

Tempo di preparazione: 15 minuti
Tempo di cottura: 10 minuti
Porzioni: 2
Difficoltà: Facile

Ingredienti:

- Uovo, ½
- Cipolla, 1 cucchiaio, tritata
- Completare con il sedano
- Sale e pepe a piacere
- Aglio, 1 spicchio, tritato
- Tonno in scatola, 7 grammi
- Yogurt greco, 2 cucchiai

Itinerario:

Scolate il tonno, poi aggiungete l'uovo e lo yogurt all'aglio, aggiustate di sale e pepe.

Mescolare questo composto con la cipolla in una ciotola e formare delle polpette. Prendete una padella ampia e fate friggere gli scones per 3 minuti per lato. Versare e servire.

Nutrienti (per 100g): 230 calorie 13 g di grassi 0,8 g di carboidrati 10 g di proteine 866 mg di sodio

Bistecche di pesce calde e fresche

Tempo di preparazione: 14 minuti

Tempo di cottura: 14 minuti

Porzioni: 2

Difficoltà: Facile

Ingredienti:

- Aglio, 1 spicchio, tritato
- Succo di limone, 1 cucchiaio
- Zucchero di canna, 1 cucchiaio
- Bistecca di ippoglosso, 1 libbra
- Sale e pepe a piacere
- Salsa di soia, ¼ di cucchiaino
- Burro, 1 cucchiaino
- Yogurt greco, 2 cucchiai

Itinerario:

Preriscaldare la griglia a fuoco medio. Mescolare in una ciotola il burro, lo zucchero, lo yogurt, il succo di limone, la salsa di soia e le spezie. Scaldare il composto in una padella. Spennellate la bistecca con questo composto mentre grigliate. Servire caldo.

Nutrienti (per 100g): 412 calorie 19,4 g di grassi 7,6 g di carboidrati 11 g di proteine 788 mg di sodio

Vongole O'Marine

Tempo di preparazione: 20 minuti
Tempo di cottura: 10 minuti
Porzioni: 2
Difficoltà: Facile

Ingredienti:

- Vongole strofinate e sbucciate, 1 libbra
- Latte di cocco, ½ tazza
- Pepe di cayenna, 1 cucchiaino
- Succo di limone fresco, 1 cucchiaio
- Aglio, 1 cucchiaino, tritato finemente
- Coriandolo, appena tritato per guarnire
- Zucchero di canna, 1 cucchiaino

Itinerario:

Unire in una padella tutti gli ingredienti tranne le vongole. La miscela viene riscaldata e portata a ebollizione. Aggiungete le cozze e fate cuocere per 10 minuti. Servire in una ciotola con il liquido bollito.

Nutrienti (per 100g): 483 calorie 24,4 g di grassi 21,6 g di carboidrati 1,2 g di proteine 499 mg di sodio

Arrosto di bistecca mediterranea a cottura lenta

Tempo di preparazione: 10 minuti

Tempo di cottura: 10 ore e 10 minuti

Porzioni: 6

Difficoltà: media

Ingredienti:

- 3 chili di arrosto di mandrino, disossato
- 2 cucchiaini di rosmarino
- ½ tazza di pomodori, essiccati al sole e tritati
- 10 spicchi d'aglio grattugiato
- ½ tazza di brodo di carne
- 2 cucchiai di aceto balsamico
- ¼ di tazza di prezzemolo italiano tritato, fresco
- ¼ tazza di olive tritate
- 1 cucchiaino di scorza di limone
- ¼ tazza di ricotta

Itinerario:

Aggiungi l'aglio, i pomodori secchi e la bistecca nella pentola a cottura lenta. Aggiungere il brodo di manzo e il rosmarino. Chiudete il fornello e fate cuocere lentamente per 10 ore.

Dopo la cottura, togliere la carne e tagliare la carne a pezzetti. Eliminare il grasso. Riporta la carne tritata nella pentola a cottura lenta e fai sobbollire per 10 minuti. Mescolare la scorza di limone, il prezzemolo e le olive in una piccola ciotola. Refrigerare il composto fino al momento di servire. Decorare con il composto raffreddato.

Servire con pasta o uova strapazzate. Cospargere la parte superiore con formaggio grattugiato.

Nutrienti (per 100g): 314 calorie 19 g di grassi 1 g di carboidrati 32 g di proteine 778 mg di sodio

Bistecca mediterranea con carciofi a cottura lenta

Tempo di preparazione: 3 ore e 20 minuti

Tempo di cottura: 7 ore e 8 minuti

Porzioni: 6

Difficoltà: Facile

Ingredienti:

- 2 chili di carne di manzo per spezzatino
- 14 grammi di cuori di carciofo
- 1 cucchiaio di olio di semi d'uva
- 1 cipolla a dadini
- 32 grammi di brodo di carne
- 4 spicchi d'aglio, grattugiato
- 14½ grammi di pomodori in scatola, tagliati a cubetti
- 15 grammi di salsa di pomodoro
- 1 cucchiaino di origano secco
- ½ tazza di olive tritate e tritate
- 1 cucchiaino di prezzemolo secco
- 1 cucchiaino di origano secco
- ½ cucchiaino di cumino macinato
- 1 cucchiaino di basilico essiccato
- 1 foglia di alloro
- ½ cucchiaino di sale

Itinerario:

Versare un filo d'olio in una padella larga e mettere a fuoco medio-alto. Friggere la bistecca finché entrambi i lati non saranno dorati. Trasferisci la bistecca in una pentola a cottura lenta.

Aggiungete il brodo di manzo, i pomodorini a dadini, la salsa di pomodoro, il sale e mescolate. Completare con brodo di manzo, pomodori a cubetti, origano, olive, basilico, prezzemolo, alloro e cumino. Mescolare accuratamente la miscela.

Coprire e cuocere a fuoco basso per 7 ore. Eliminare la foglia di alloro al momento di servire. Servire caldo.

Nutrienti (per 100g): 416 calorie 5 g di grassi 14,1 g di carboidrati 29,9 g di proteine 811 mg di sodio

Brasato magro in stile mediterraneo a cottura lenta

Tempo di preparazione: 30 minuti
Tempo di preparazione: 8 ore
Porzioni: 10
Difficoltà: Difficile

Ingredienti:

- 4 libbre Occhio di arrosto rotondo
- 4 spicchi d'aglio
- 2 cucchiaini di olio d'oliva
- 1 cucchiaino di pepe nero appena macinato
- 1 tazza di cipolla tritata
- 4 carote, tritate finemente
- 2 cucchiaini di rosmarino essiccato
- 2 gambi di sedano, tritati
- Nella confezione 28 grammi di polpa di pomodoro
- 1 tazza di brodo di manzo a basso contenuto di sodio
- 1 bicchiere di vino rosso
- 2 cucchiaini di sale

Itinerario:

Condire la bistecca con sale, aglio e pepe e mettere da parte. Versare l'olio in una padella antiaderente e mettere a fuoco medio-alto. Aggiungere la carne e friggerla fino a doratura su tutti i lati.

Ora trasferisci il roast beef in una pentola a cottura lenta da 6 litri. Aggiungere nella pentola la carota, la cipolla, il rosmarino e il sedano. Cuocere fino a quando la cipolla e le verdure saranno morbide.

Mescolare i pomodori e il vino in questa miscela di verdure. Aggiungi il brodo di manzo e il composto di pomodoro nella pentola a cottura lenta insieme al composto di verdure. Coprire e cuocere a fuoco basso per 8 ore.

Quando la carne sarà cotta, toglietela dalla pentola a cottura lenta e posizionatela su un tagliere, quindi avvolgetela nella carta stagnola. Per addensare la salsa, trasferitela in un pentolino e fatela cuocere a fuoco basso fino a raggiungere la consistenza desiderata. Eliminare il grasso prima di servire.

Nutrienti (per 100g): 260 calorie 6 g di grassi 8,7 g di carboidrati 37,6 g di proteine 588 mg di sodio

Polpettone a cottura lenta

Tempo di preparazione: 10 minuti

Tempo di cottura: 6 ore e 10 minuti

Porzioni: 8

Difficoltà: media

Ingredienti:

- 2 chili di bisonte macinato
- 1 zucchina grattugiata
- 2 uova grandi
- Spray da cucina all'olio d'oliva secondo necessità
- 1 zucchina, tritata
- ½ tazza di prezzemolo, fresco, tritato
- ½ tazza di parmigiano grattugiato
- 3 cucchiai di aceto balsamico
- 4 spicchi d'aglio, grattugiato
- 2 cucchiai di cipolla tritata
- 1 cucchiaio di origano secco
- ½ cucchiaino di pepe nero macinato
- ½ cucchiaino di sale kosher
- Per la farcitura:
- ¼ tazza di mozzarella grattugiata
- ¼ di tazza di ketchup senza zucchero
- ¼ di tazza di prezzemolo fresco tritato

Itinerario:

Rivestire l'interno di una pentola a cottura lenta da sei quarti con un foglio di alluminio. Spruzzarlo con olio da cucina antiaderente.

In una grande ciotola, unisci il bisonte macinato o il filetto extra magro, le zucchine, l'uovo, il prezzemolo, l'aceto balsamico, l'aglio, l'origano secco, il sale marino o kosher, la cipolla secca tritata finemente e il pepe nero macinato.

Metti questo composto nella pentola a cottura lenta e forma una pagnotta oblunga. Coprite il fornello, mettete a fuoco basso e fate cuocere per 6 ore. A cottura ultimata aprire il fornello e spalmare il ketchup su tutto il polpettone.

Ora posiziona il formaggio sopra il ketchup come un nuovo strato e chiudi la pentola a cottura lenta. Lasciare riposare il polpettone su questi due strati per circa 10 minuti o fino a quando il formaggio inizia a sciogliersi. Decorare con prezzemolo fresco e mozzarella grattugiata.

Nutrienti (per 100g): 320 calorie 2 g di grassi 4 g di carboidrati 26 g di proteine 681 mg di sodio

Manzo mediterraneo a cottura lenta

Tempo di preparazione: 10 minuti
Tempo di preparazione: 13 ore
Porzioni: 6
Difficoltà: media

Ingredienti:

- 3 libbre di manzo arrosto rotondo senza grassi
- ½ cucchiaino di cipolla in polvere
- ½ cucchiaino di pepe nero
- 3 tazze di brodo di manzo a basso contenuto di sodio
- 4 cucchiaini di miscela per condimenti per l'insalata
- 1 foglia di alloro
- 1 cucchiaio di aglio, tritato finemente
- 2 peperoni rossi tagliati a strisce sottili
- 16 grammi di peperoncino
- 8 fette di Provolone Sargento, sottili
- 2 grammi di pane senza glutine
- ½ cucchiaino di sale
- <u>Per condire:</u>
- 1 cucchiaio e mezzo di cipolla in polvere
- 1 cucchiaio e mezzo di aglio in polvere
- 2 cucchiai di prezzemolo secco
- 1 cucchiaio di stevia
- ½ cucchiaino di timo secco

- 1 cucchiaio di origano secco
- 2 cucchiai di pepe nero
- 1 cucchiaio di sale
- 6 fette di formaggio

Itinerario:

Asciugare gli arrosti con carta assorbente. Mescolare il pepe nero, la cipolla in polvere e il sale in una piccola ciotola e strofinare il composto sull'arrosto. Metti l'arrosto condito in una pentola a cottura lenta.

Aggiungi il brodo, il condimento per l'insalata, le foglie di alloro e l'aglio nella pentola a cottura lenta. Mescolare delicatamente. Sigillare e cuocere a vapore per 12 ore. Dopo l'ebollizione, rimuovere la foglia di alloro.

Tirare fuori la bistecca fritta e tagliare la carne a listarelle. Rimettere la carne tagliuzzata e aggiungere la paprika e. Aggiungi i peperoni e il peperoncino nella pentola a cottura lenta. Coprire il fornello e cuocere a fuoco basso per 1 ora. Prima di servire, spalmare ogni pagnotta con 3 once di composto di carne. Distribuire sopra una fetta di formaggio. La salsa liquida può essere utilizzata anche come salsa.

Nutrienti (per 100g): 442 calorie 11,5 g di grassi 37 g di carboidrati 49 g di proteine 735 mg di sodio

Arrosto di maiale alla mediterranea

Tempo di preparazione: 10 minuti

Tempo di cottura: 8 ore e 10 minuti

Porzioni: 6

Difficoltà: media

Ingredienti:

- 2 cucchiai di olio d'oliva
- 2 chili di arrosto di maiale
- ½ cucchiaino di paprika
- ¾ tazza di brodo di pollo
- 2 cucchiaini di salvia essiccata
- ½ cucchiaio di aglio tritato finemente
- ¼ cucchiaino di maggiorana secca
- ¼ cucchiaino di rosmarino essiccato
- 1 cucchiaino di origano
- ¼ cucchiaino di timo essiccato
- 1 cucchiaino di basilico
- ¼ di cucchiaino di sale kosher

Itinerario:

Mescolare il brodo, l'olio, il sale e le spezie in una piccola ciotola. Versare l'olio d'oliva in una padella e mettere a fuoco medio-alto.

Aggiungere la carne di maiale e cuocere fino a doratura su tutti i lati.

Dopo la cottura, togliere la carne di maiale e forare l'arrosto con un coltello. Metti l'arrosto di maiale in una pentola da 6 litri. Ora versate il liquido in una ciotolina sopra tutto l'arrosto.

Sigillare la pentola e cuocere a fuoco basso per 8 ore. A cottura ultimata toglietelo dalla pentola su un tagliere e tagliatelo a pezzetti. Quindi rimettere il maiale tritato nella pentola. Cuocere a fuoco lento per altri 10 minuti. Servire con formaggio feta, pane pita e pomodori.

Nutrienti (per 100g): 361 calorie 10,4 g di grassi 0,7 g di carboidrati 43,8 g di proteine 980 mg di sodio

Pizza alla bistecca

Tempo di preparazione: 20 minuti
Tempo di cottura: 50 minuti
Porzioni: 10
Difficoltà: Difficile

Ingredienti:

- Per l'impasto:
- 3 tazze di farina per tutti gli usi
- 1 cucchiaio di zucchero
- 2¼ cucchiaini di lievito secco attivo
- 1 cucchiaino di sale
- 2 cucchiai di olio d'oliva
- 1 tazza di acqua tiepida
- Per la farcitura:
- 1 chilo di carne macinata
- 1 cipolla rossa media, tritata finemente
- 2 cucchiai di concentrato di pomodoro
- 1 cucchiaio di cumino macinato
- Sale e pepe nero macinato, quanto necessario
- ¼ di tazza d'acqua
- 1 tazza di spinaci freschi, tritati
- 8 grammi di cuori di carciofo, tagliati in quarti
- 4 grammi di funghi freschi, affettati

- 2 pomodori, tritati
- 4 grammi di formaggio feta, sbriciolato

Itinerario:

Per l'impasto:

Con la planetaria dotata di gancio impastatore mescolare la farina, lo zucchero, il lievito e il sale. Aggiungete 2 cucchiai di olio e acqua tiepida e lavorate fino ad ottenere un impasto liscio ed elastico.

Formate una palla con l'impasto e lasciatelo riposare per circa 15 minuti.

Disporre l'impasto su una superficie leggermente infarinata e stenderlo formando un cerchio. Mettete l'impasto in una teglia rotonda leggermente unta e premete delicatamente finché non si addensa. Mettere da parte per circa 10-15 minuti. Coprire la crosta con un po' di olio. Preriscaldare il forno a 400 gradi F.

Per la farcitura:

Cuocere la carne in una padella antiaderente a fuoco medio-alto per circa 4-5 minuti. Unire la cipolla e cuocere per circa 5 minuti, mescolando spesso. Aggiungere il concentrato di pomodoro, il cumino, sale, pepe nero e acqua e mescolare.

Regolare la fiamma a una temperatura media e cuocere per circa 5-10 minuti. Togliere dal fuoco e mettere da parte. Disporre il composto di manzo sulla base della pizza e guarnire con gli spinaci, poi i carciofi, i funghi, i pomodori e la feta.

Cuocere fino a quando il formaggio si scioglie. Togliere dal forno e mettere da parte per circa 3-5 minuti prima di affettare. Tagliare a fette della dimensione desiderata e servire.

Nutrienti (per 100g): 309 calorie 8,7 g di grassi 3,7 g di carboidrati 3,3 g di proteine 732 mg di sodio

Polpette Di Manzo E Bulgur

Tempo di preparazione: 20 minuti
Tempo di cottura: 28 minuti
Porzioni: 6
Difficoltà: media

Ingredienti:

- ¾ tazza di bulgur crudo
- 1 chilo di carne macinata
- ¼ di tazza di scalogno, tritato finemente
- ¼ di tazza di prezzemolo fresco, tritato finemente
- ½ cucchiaino di pimento macinato
- ½ cucchiaino di cumino macinato
- ½ cucchiaino di cannella in polvere
- ¼ cucchiaino di fiocchi di peperoncino rosso, spezzettati
- Sale, quanto necessario
- 1 cucchiaio di olio d'oliva

Itinerario:

Immergere il bulgur in una grande ciotola di acqua fredda per circa 30 minuti. Scolate bene il bulgur, poi strizzatelo con le mani per eliminare l'acqua in eccesso. In un robot da cucina, aggiungi bulgur, manzo, scalogno, prezzemolo, spezie, sale e legumi fino a ottenere un composto omogeneo.

Mettete il composto in una ciotola e mettete in frigorifero, coperto, per circa 30 minuti. Tiratela fuori dal frigo e formate delle palline uguali con la carne. Scaldare l'olio in una padella larga a fuoco medio-alto e friggere le polpette in 2 porzioni per ca. 13-14 minuti, girando spesso. Servire caldo.

Nutrienti (per 100g): 228 calorie 7,4 g di grassi 0,1 g di carboidrati 3,5 g di proteine 766 mg di sodio

Manzo e broccoli deliziosi

Tempo di preparazione: 10 minuti
Tempo di cottura: 15 minuti
Porzioni: 4
Difficoltà: Facile

Ingredienti:

- 1 chilo e mezzo. fetta laterale
- 1 cucchiaio. olio d'oliva
- 1 cucchiaio. salsa tamari
- 1 tazza di brodo di carne
- 1 chilo di broccoli, cimette separate

Itinerario:

Condire le strisce di manzo con olio e tamari, mescolare e mettere da parte per 10 minuti. Seleziona la pentola istantanea in modalità rosolatura, aggiungi le strisce di bistecca e rosola per 4 minuti su ciascun lato. Mescolare il brodo, coprire nuovamente la pentola e cuocere a fuoco alto per 8 minuti. Unire i broccoli, coprire e cuocere per altri 4 minuti a fiamma alta. Dividete il tutto nei piatti e servite. Godere!

Nutrienti (per 100g): 312 calorie 5 g di grassi 20 g di carboidrati 4 g di proteine 694 mg di sodio

Peperoncino di mais e manzo

Tempo di preparazione: 8-10 minuti
Tempo di cottura: 30 minuti
Porzioni: 8
Difficoltà: media

Ingredienti:

- 2 cipolle picccle, tritate finemente (tritate finemente)
- ¼ di tazza di mais in scatola
- 1 cucchiaio di olio
- 10 grammi di carne macinata magra
- 2 peperoncini piccoli, tagliati a dadini

Itinerario:

Accendi la pentola istantanea. Fare clic sul pulsante "SAUTE". Versare l'olio e incorporare la cipolla, il peperoncino e la carne di manzo; cuocere fino a quando traslucido e morbido. Versare 3 tazze d'acqua nella padella; Mescolare bene.

Chiudere il coperchio. Selezionare "CARNE/AFFETTATI". Imposta il timer su 20 minuti. Lasciamo cuocere finché il timer non arriva allo zero.

Fare clic sul pulsante "CANCEL" e poi sul pulsante "NPR" per ottenere una pressione di rilascio naturale di ca. 8-10 minuti. Aprite e posizionate la pirofila in un piatto da portata. Servi.

Nutrienti (per 100g): 94 calorie 5 g di grassi 2 g di carboidrati 7 g di proteine 477 mg di sodio

Piatto di bistecca al balsamico

Tempo di preparazione: 5 minuti
Tempo di cottura: 55 minuti
Porzioni: 8
Difficoltà: media

Ingredienti:

- Arrosto di mandrino da 3 libbre
- 3 spicchi d'aglio, affettati sottilmente
- 1 cucchiaio di olio
- 1 cucchiaino di aceto aromatizzato
- ½ cucchiaino di pepe
- ½ cucchiaino di rosmarino
- 1 cucchiaio di burro
- ½ cucchiaino di timo
- ¼ di tazza di aceto balsamico
- 1 tazza di brodo di carne

Itinerario:

Tagliare l'arrosto a fette e riempirlo con gli spicchi d'aglio. Mescolare l'aceto aromatizzato, il rosmarino, il pepe e il timo e strofinare il composto sull'arrosto. Seleziona la pentola per la modalità Saute, aggiungi l'olio e lascialo scaldare. Friggere entrambi i lati dell'arrosto.

Rimuovere e mettere da parte. Incorporate il burro, il brodo e l'aceto balsamico e scolate la pentola. Riporta l'arrosto, chiudi il coperchio e cuoci a ALTA per 40 minuti.

Esegui un rilascio rapido. Servendo!

Nutrienti (per 100g): 393 calorie 15 g di grassi 25 g di carboidrati 37 g di proteine 870 mg di sodio

Bistecca con salsa di soia

Tempo di preparazione: 8 minuti
Tempo di cottura: 35 minuti
Porzioni: 2-3
Difficoltà: media

Ingredienti:

- ½ cucchiaino di brodo di carne
- 1 cucchiaino e ½ di rosmarino
- ½ cucchiaino di aglio tritato finemente
- 2 chili di roast beef
- 1/3 di tazza di salsa di soia

Itinerario:

Unisci la salsa di soia, il brodo, il rosmarino e l'aglio in una terrina.

Accendi la pentola istantanea. Disporre gli arrosti e aggiungere acqua sufficiente a coprire l'arrosto; mescolare delicatamente per amalgamare bene. Chiudilo ermeticamente.

Cliccare sulla funzione Cottura "CARNE/AL VAPORE"; impostare il livello di pressione su "ALTO" e impostare il tempo di cottura su 35 minuti. Lascia che la pressione si accumuli per preparare gli ingredienti. Al termine, fare clic su "ANNULLA" e quindi fare clic sulla funzione di cottura "NPR" per rilasciare la pressione in modo naturale.

Aprire gradualmente il coperchio e tagliare la carne a listarelle. Rimettere la carne tritata nella pentola e mescolare bene. Disporre nelle ciotole da portata. Servire caldo.

Nutrienti (per 100g): 423 calorie 14 g di grassi 12 g di carboidrati 21 g di proteine 884 mg di sodio

Bistecca di manzo al rosmarino

Tempo di preparazione: 5 minuti

Tempo di cottura: 45 minuti

Porzioni: 5-6

Difficoltà: media

Ingredienti:

- Bistecca di manzo da 3 libbre alla griglia
- 3 spicchi d'aglio
- ¼ di tazza di aceto balsamico
- 1 rametto di rosmarino fresco
- 1 rametto di timo fresco
- 1 tazza d'acqua
- 1 cucchiaio di olio vegetale
- Sale e pepe a piacere

Itinerario:

Tagliare la bistecca a fette e aggiungere gli spicchi d'aglio. Strofinare con erbe tostate, pepe nero e sale. Preriscaldare la pentola istantanea sull'impostazione marrone e versare l'olio. Quando è caldo, aggiungete la bistecca e cuocete fino a doratura su tutti i lati. Aggiungere il resto degli ingredienti; mescolare delicatamente.

Coprire bene e cuocere a fuoco alto per 40 minuti con impostazione manuale. Lasciare che la riduzione della pressione avvenga naturalmente, ca. 10 minuti. Coprite e disponete la bistecca sui piatti da portata, affettate e servite.

Nutrienti (per 100g): 542 calorie 11,2 g di grassi 8,7 g di carboidrati 55,2 g di proteine 710 mg di sodio

Braciola di maiale e salsa di pomodoro

Tempo di preparazione: 10 minuti
Tempo di cottura: 20 minuti
Porzioni: 4
Difficoltà: Facile

Ingredienti:

- 4 braciole di maiale, disossate
- 1 cucchiaio di salsa di soia
- ¼ cucchiaino di olio di sesamo
- 1 tazza e ½ di passata di pomodoro
- 1 cipolla gialla
- 8 funghi, affettati

Itinerario:

Mescolare le costolette di maiale con salsa di soia e olio di sesamo in una ciotola, mescolare e lasciare riposare per 10 minuti. Imposta la pentola istantanea in modalità rosolatura, aggiungi le braciole di maiale e rosola per 5 minuti su ciascun lato. Aggiungere la cipolla e cuocere per altri 1-2 minuti. Aggiungere il concentrato di pomodoro e i funghi, mescolare, coprire e cuocere a fuoco alto per 8-9 minuti. Dividete il tutto nei piatti e servite. Godere!

Nutrienti (per 100g): 300 calorie 7 g di grassi 18 g di carboidrati 4 g di proteine 801 mg di sodio

Pollo con salsa di capperi

Tempo di preparazione: 10 minuti
Tempo di cottura: 18 minuti
Porzioni: 5
Difficoltà: Difficile

Ingredienti:

- <u>per il pollo:</u>
- 2 uova
- Sale e pepe nero macinato, quanto necessario
- 1 tazza di pangrattato secco
- 2 cucchiai di olio d'oliva
- Mezzo chilo e mezzo di petto di pollo senza pelle e disossato, spezzettato fino a ¾ pollice di spessore e tagliato a pezzi
- <u>Per la salsa di capperi:</u>
- 3 cucchiai di capperi
- ½ bicchiere di vino bianco secco
- 3 cucchiai di succo di limone fresco
- Sale e pepe nero macinato, quanto necessario
- 2 cucchiai di prezzemolo fresco, tritato

Itinerario:

Per il pollo: in una ciotola poco profonda aggiungere le uova, il sale e il pepe nero e sbattere bene. Mettete il pangrattato in un altro piatto piano. Immergere i pezzi di pollo nel composto di uova, quindi ricoprirli uniformemente con il pangrattato. Eliminare l'eventuale pangrattato in eccesso.

Scaldare l'olio a fuoco medio e friggere i pezzi di pollo per circa 5-7 minuti su ciascun lato o fino alla cottura desiderata. Disporre i pezzi di pollo su un piatto rivestito di carta assorbente utilizzando una schiumarola. Coprite i pezzi di pollo con un pezzo di pellicola per tenerli al caldo.

Aggiungere nella stessa padella tutti gli ingredienti per la salsa, escluso il prezzemolo, e cuocere per ca. per 2-3 minuti, mescolando continuamente. Aggiungete il prezzemolo e togliete dal fuoco. I pezzi di pollo vengono serviti con salsa di capperi.

Nutrienti (per 100g):352 calorie 13,5 g di grassi 1,9 g di carboidrati 1,2 g di proteine 741 mg di sodio

Hamburger di tacchino con salsa di mango

Tempo di preparazione: 15 minuti
Tempo di cottura: 10 minuti
Porzioni: 6
Difficoltà: Facile

Ingredienti:

- 1 chilo e mezzo di petto di tacchino macinato
- 1 cucchiaino di sale marino, diviso
- ¼ di cucchiaino di pepe nero appena macinato
- 2 cucchiai di olio extra vergine di oliva
- 2 manghi, sbucciati, snocciolati e tagliati a cubetti
- ½ cipolla rossa, tritata finemente
- Succo di 1 lime
- 1 spicchio d'aglio, tritato finemente
- ½ peperoncino jalapeño privato dei semi e tritato
- 2 cucchiai di foglie di coriandolo fresco tritate

Itinerario:

Modellare il petto di tacchino in 4 polpette e condire con ½ cucchiaino di sale marino e pepe. Scaldare l'olio d'oliva in una padella antiaderente finché non diventa luccicante. Aggiungete le polpette di tacchino e cuocetele da entrambi i lati per ca. Cuocere fino a doratura in 5 minuti. Mentre le polpette cuociono, unisci il mango, la cipolla rossa, il succo di lime, l'aglio, lo jalapeño, il coriandolo e il rimanente ½ cucchiaino di sale marino in una piccola ciotola. Versare la salsa sulle polpette di tacchino e servire.

Nutrienti (per 100g): 384 calorie 3 g di grassi 27 g di carboidrati 34 g di proteine 692 mg di sodio

Petto di tacchino arrosto alle erbe

Tempo di preparazione: 15 minuti

Tempo di cottura: 1 ora e mezza (più 20 minuti di riposo)

Porzioni: 6

Difficoltà: media

Ingredienti:

- 2 cucchiai di olio extra vergine di oliva
- 4 spicchi d'aglio, tritati finemente
- Scorza di 1 limone
- 1 cucchiaio di foglie di timo fresco tritate
- 1 cucchiaio di foglie di rosmarino fresco tritate
- 2 cucchiai di foglie di prezzemolo fresco italiano tritato
- 1 cucchiaino di senape macinata
- 1 cucchiaino di sale marino
- ¼ di cucchiaino di pepe nero appena macinato
- 1 petto di tacchino con osso e pelle (6 libbre).
- 1 bicchiere di vino bianco secco

Itinerario:

Preriscaldare il forno a 180°C. Mescolare insieme l'olio d'oliva, l'aglio, la scorza di limone, il timo, il rosmarino, il prezzemolo, la senape, il sale marino e il pepe. Distribuire uniformemente la miscela di erbe sulla superficie del petto di tacchino, allentare la pelle e strofinarla anche sotto. Disporre il petto di tacchino in una teglia su una griglia, con la pelle rivolta verso l'alto.

Versare il vino nella padella. Arrostire per 1-1,5 ore, fino a quando il tacchino raggiunge una temperatura interna di 165 F. Togliere dal forno e mettere da parte per 20 minuti, coperto con un foglio di alluminio per tenerlo al caldo prima di tagliarlo.

Nutrienti (per 100g): 392 calorie 1 g di grassi 2 g di carboidrati 84 g di proteine 741 mg di sodio

Salsiccia di pollo e paprika

Tempo di preparazione: 10 minuti
Tempo di cottura: 20 minuti
Porzioni: 6
Difficoltà: media

Ingredienti:

- 2 cucchiai di olio extra vergine di oliva
- 6 salsicce di pollo italiane
- 1 cipolla
- 1 peperone rosso
- 1 peperone verde
- 3 spicchi d'aglio, tritati finemente
- ½ bicchiere di vino bianco secco
- ½ cucchiaino di sale marino
- ¼ di cucchiaino di pepe nero appena macinato
- Un pizzico di scaglie di peperoncino

Itinerario:

Friggere l'olio d'oliva in una padella larga finché diventa lucido. Aggiungere la salsiccia e cuocere, girando di tanto in tanto, fino a doratura e al raggiungimento della temperatura interna di 165 ° F, da 5 a 7 minuti. Togliere la salsiccia dalla padella con una pinza e metterla da parte su un piatto rivestito con un foglio di alluminio per tenerla al caldo.

Riporta la pentola sul fuoco e aggiungi la cipolla, il peperoncino e il peperone verde. Cuocere, mescolando di tanto in tanto, fino a quando le verdure iniziano a dorarsi. Aggiungere l'aglio e cuocere per 30 secondi, mescolando continuamente.

Incorporare il vino, il sale marino, il pepe e i fiocchi di peperoncino. Tirare fuori e piegare i pezzetti dorati dal fondo della padella. Cuocere a fuoco lento per circa altri 4 minuti, mescolando, finché il liquido non si sarà ridotto della metà. Versare la paprika sulle salsicce e servire.

Nutrienti (per 100g): 173 calorie 1 g di grassi 6 g di carboidrati 22 g di proteine 582 mg di sodio

Piccata di pollo

Tempo di preparazione: 10 minuti

Tempo di cottura: 15 minuti

Porzioni: 6

Difficoltà: media

Ingredienti:

- ½ tazza di farina integrale
- ½ cucchiaino d sale marino
- 1/8 cucchiaino di pepe nero appena macinato
- 1 chilo e mezzo di petto di pollo, tagliato in 6 parti
- 3 cucchiai di olio extra vergine di oliva
- 1 tazza di brodo di pollo non salato
- ½ bicchiere di vino bianco secco
- Succo di 1 limone
- Scorza di 1 limone
- ¼ di tazza di capperi, scolarli e sciacquarli
- ¼ di tazza di foglie di prezzemolo fresco tritate

Itinerario:

In una ciotola piatta, sbatti insieme la farina, il sale marino e il pepe. Passare il pollo nella farina e scrollare via quella in eccesso. Cuocere l'olio d'oliva finché non diventa dorato.

Aggiungete il pollo e cuocetelo da entrambi i lati per ca. Cuocere fino a doratura in 4 minuti. Togliere il pollo dalla padella, coprire con un foglio di alluminio, tenere in caldo e mettere da parte.

Riportare la padella sul fuoco e mantecare con il brodo, il vino, il succo di limone, la scorza di limone e i capperi. Usando il lato di un cucchiaio, aggiungi i pezzetti dorati dal fondo della padella. Cuocere a fuoco lento finché il liquido non si addensa. Togliere la padella dal fuoco e rimettere il pollo nella padella. Passa alla pelliccia. Aggiungete il prezzemolo e servite.

Nutrienti (per 100g): 153 calorie 2 g di grassi 9 g di carboidrati 8 g di proteine 692 mg di sodio

Una teglia di pollo alla toscana

Tempo di preparazione: 10 minuti

Tempo di cottura: 25 minuti

Porzioni: 6

Difficoltà: Difficile

Ingredienti:

- ¼ di tazza di olio extra vergine di oliva, diviso
- 1 libbra di petto di pollo disossato e senza pelle, tagliato a pezzi da ¾ di pollice
- 1 cipolla, tritata
- 1 peperone rosso, tritato
- 3 spicchi d'aglio, tritati finemente
- ½ bicchiere di vino bianco secco
- 1 lattina (14 once) di pomodori tritati, scolati
- 1 lattina (14 once) di pomodori a cubetti, scolati
- 1 lattina (14 once) di fagioli bianchi, scolati
- 1 cucchiaio di condimento italiano essiccato
- ½ cucchiaino di sale marino
- 1/8 cucchiaino di pepe nero appena macinato
- 1/8 cucchiaino di fiocchi di peperoncino
- ¼ di tazza di foglie di basilico fresco tritate

Itinerario:

Cuocere 2 cucchiai di olio d'oliva finché non diventano luccicanti. Unire il pollo e friggerlo fino a doratura. Togliere il pollo dalla pentola e metterlo da parte su un piatto rivestito con un foglio di alluminio per tenerlo al caldo.

Riporta la padella sul fuoco e scalda l'olio d'oliva rimanente. Aggiungere la cipolla e il peperoncino. Cuocere, mescolando di tanto in tanto, fino a quando le verdure saranno morbide. Aggiungere l'aglio e cuocere per 30 secondi, mescolando continuamente.

Incorporate il vino e usate il lato di un cucchiaio per raschiare i pezzetti dorati dal fondo della padella. Cuocere per 1 minuto, mescolando.

Mescolare pomodori tritati e tritati, fagioli bianchi, condimento italiano, sale marino, pepe e scaglie di peperoncino. Lascialo bollire. Cuocere per 5 minuti, mescolando di tanto in tanto.

Riporta il pollo e gli eventuali succhi raccolti nella padella. Cuocere fino a quando il pollo sarà tenero. Prima di servire, togliere dal fuoco e mantecare con il basilico.

Nutrienti (per 100g): 271 calorie 8 g di grassi 29 g di carboidrati 14 g di proteine 596 mg di sodio

Pollo Kapama

Tempo di preparazione: 10 minuti
Tempo di preparazione: 2 ore
Porzioni: 4
Difficoltà: media

Ingredienti:

- 1 lattina (32 once) di pomodori a cubetti, scolati
- ¼ di bicchiere di vino bianco secco
- 2 cucchiai di concentrato di pomodoro
- 3 cucchiai di olio extra vergine di oliva
- ¼ cucchiaino di fiocchi di peperoncino
- 1 cucchiaino di pimento macinato
- ½ cucchiaino di origano secco
- 2 spicchi interi
- 1 bastoncino di cannella
- ½ cucchiaino di sale marino
- 1/8 cucchiaino di pepe nero appena macinato
- 4 metà di petto di pollo disossate e senza pelle

Itinerario:

Unisci pomodori, vino, concentrato di pomodoro, olio d'oliva, scaglie di peperoncino, pimento, origano, chiodi di garofano, stecca di cannella, sale marino e pepe in una grande casseruola. Lasciamo bollire, mescolando di tanto in tanto. Cuocere a fuoco lento per 30 minuti, mescolando di tanto in tanto. Togliere ed eliminare dalla salsa i chiodi di garofano interi e la stecca di cannella e lasciarli raffreddare.

Preriscaldare il forno a 350 ° F. Metti il pollo in una teglia da 9 x 13 pollici. Versare la salsa sul pollo e coprire la padella con un foglio di alluminio. Continuare la cottura fino al raggiungimento della temperatura interna di 165°F.

Nutrienti (per 100g): 220 calorie 3 g di grassi 11 g di carboidrati 8 g di proteine 923 mg di sodio

Petto di pollo ripieno di spinaci e feta

Tempo di preparazione: 10 minuti

Tempo di cottura: 45 minuti

Porzioni: 4

Difficoltà: media

Ingredienti:

- 2 cucchiai di olio extra vergine di oliva
- 1 chilo di spinaci novelli freschi
- 3 spicchi d'aglio, tritati finemente
- Scorza di 1 limone
- ½ cucchiaino di sale marino
- 1/8 cucchiaino di pepe nero appena macinato
- ½ tazza di formaggio feta sbriciolato
- 4 petti di pollo disossati e senza pelle

Itinerario:

Preriscaldare il forno a 350 ° F. Cuocere l'olio d'oliva a fuoco medio finché non diventa luccicante. Aggiungere gli spinaci. Continuare a cuocere e mescolare finché non si ammorbidisce.

Aggiungere l'aglio, la scorza di limone, il sale marino e il pepe. Cuocere per 30 secondi, mescolando continuamente. Raffreddare un po' e unire il formaggio.

Distribuire uniformemente il composto di spinaci e formaggio sui pezzi di pollo e avvolgere il petto attorno al ripieno. Tenetelo chiuso con uno stuzzicadenti o con spago da macellaio. Metti i petti in una teglia da 9 x 13 pollici e arrostisci per 30-40 minuti o fino a quando la temperatura interna del pollo raggiunge i 165 ° F. Togliere dal forno e mettere da parte per 5 minuti prima di affettare e servire.

Nutrienti (per 100g): 263 calorie 3 g di grassi 7 g di carboidrati 17 g di proteine 639 mg di sodio

Cosce di pollo al rosmarino

Tempo di preparazione: 5 minuti

Tempo di preparazione: 1 ora

Porzioni: 6

Difficoltà: Facile

Ingredienti:

- 2 cucchiai di foglie di rosmarino fresco tritate
- 1 cucchiaino di aglio in polvere
- ½ cucchiaino di sale marino
- 1/8 cucchiaino di pepe nero appena macinato
- Scorza di 1 limone
- 12 cosce di pollo

Itinerario:

Preriscaldare il forno a 350 ° F. Mescolare il rosmarino, l'aglio in polvere, il sale marino, il pepe e la scorza di limone.

Metti le cosce in una teglia da 9 x 13 pollici e cospargile con il composto di rosmarino. Cuocere fino a quando la temperatura interna del pollo raggiunge i 165°F.

Nutrienti (per 100g): 163 calorie 1 g di grassi 2 g di carboidrati 26 g di proteine 633 mg di sodio

Pollo con cipolle, patate, fichi e carote

Tempo di preparazione: 5 minuti

Tempo di cottura: 45 minuti

Porzioni: 4

Difficoltà: media

Ingredienti:

- 2 tazze di patate, tagliate a metà
- 4 fichi freschi squartati
- 2 carote, tritate finemente
- 2 cucchiai di olio extra vergine di oliva
- 1 cucchiaino di sale marino, diviso
- ¼ di cucchiaino di pepe nero appena macinato
- 4 quarti di coscia di pollo
- 2 cucchiai di foglie di prezzemolo fresco tritato

Itinerario:

Preriscaldare il forno a 425 ° F. In una piccola ciotola, mescolare le patate, i fichi e le carote con olio d'oliva, ½ cucchiaino di sale marino e pepe. Distribuire in una padella da 9 x 13 pollici.

Condire il pollo con il sale marino rimanente. Disporre sopra le verdure. Cuocere fino a quando le verdure saranno tenere e il pollo avrà raggiunto una temperatura interna di 165°F. Spolverate con il prezzemolo e servite.

Nutrienti (per 100g): 429 calorie 4 g di grassi 27 g di carboidrati 52 g di proteine 581 mg di sodio

Pollo al Gyros con Tzatziki

Tempo di preparazione: 15 minuti
Tempo di cottura: 1 ora e 20 minuti
Porzioni: 6
Difficoltà: media

Ingredienti:

- 1 chilo di petto di pollo tritato
- 1 cipolla rossa, grattugiata e strizzata con l'acqua in eccesso
- 2 cucchiai di rosmarino essiccato
- 1 cucchiaio di maggiorana secca
- 6 spicchi d'aglio, tritati finemente
- ½ cucchiaino di sale marino
- ¼ di cucchiaino di pepe nero appena macinato
- Salsa greca Tzatziki

Itinerario:

Preriscaldare il forno a 350 ° F. Mescolare il pollo, la cipolla, il rosmarino, la maggiorana, l'aglio, il sale marino e il pepe in un robot da cucina. Mescolare finché il composto non forma una pasta. In alternativa potete mescolare bene questi ingredienti in una ciotola (vedi consigli per la preparazione).

Pressare il composto in uno stampo da plumcake. Cuocere fino a raggiungere una temperatura interna di 165 gradi. Togliere dal forno e lasciare riposare per 20 minuti prima di affettare.

Tagliate il gyros a fette e versate sopra la salsa tzatziki.

Nutrienti (per 100g): 289 calorie 1 g di grassi 20 g di carboidrati 50 g di proteine 622 mg di sodio

Musaka

Tempo di preparazione: 10 minuti

Tempo di cottura: 45 minuti

Porzioni: 8

Difficoltà: Difficile

Ingredienti:

- 5 cucchiai di olio extra vergine di oliva, divisi
- 1 melanzana tagliata a fette (con la buccia)
- 1 cipolla, tritata
- 1 peperone verde, senza semi e tritato
- 1 chilo di tacchino macinato
- 3 spicchi d'aglio, tritati finemente
- 2 cucchiai di concentrato di pomodoro
- 1 lattina (14 once) di pomodori a cubetti, scolati
- 1 cucchiaio di condimento italiano
- 2 cucchiaini di salsa Worcestershire
- 1 cucchiaino di origano secco
- ½ cucchiaino di cannella in polvere
- 1 tazza di yogurt greco naturale non zuccherato e senza grassi
- 1 uovo sbattuto
- ¼ di cucchiaino di pepe nero appena macinato
- ¼ cucchiaino di noce moscata macinata
- ¼ tazza di parmigiano grattugiato
- 2 cucchiai di foglie di prezzemolo fresco tritato

Itinerario:

Preriscaldare il forno a 400 ° F. Cuocere 3 cucchiai di olio d'oliva finché non diventano luccicanti. Aggiungete le fette di melanzane e fatele soffriggere per 3-4 minuti per lato. Scolare su un tovagliolo di carta.

Rimettete la pentola sul fuoco e versate i restanti 2 cucchiai di olio d'oliva. Aggiungi cipolla e peperone verde. Continuate a cuocere fino a quando le verdure saranno morbide. Togliere dalla padella e mettere da parte.

Togliere la padella dal fuoco e aggiungere il tacchino. Cuocere per circa 5 minuti, spezzettando con un cucchiaio, fino a doratura. Aggiungere l'aglio e cuocere per 30 secondi, mescolando continuamente.

Incorporare il concentrato di pomodoro, i pomodori, il condimento italiano, la salsa Worcestershire, l'origano e la cannella. Riporta la cipolla e il pepe nella padella. Cuocere per 5 minuti mescolando. Mescolare lo yogurt, l'uovo, il pepe, la noce moscata e il formaggio.

Metti metà del composto di carne in una teglia da 9 x 13 pollici. Metti a strati metà delle melanzane. Aggiungere il restante composto di carne e le restanti melanzane. Spalmare con il composto di yogurt. Cuocere fino a doratura. Guarnire con prezzemolo e servire.

Nutrienti (per 100g): 338 calorie 5 g di grassi 16 g di carboidrati 28 g di proteine 569 mg di sodio

Filetto di maiale di Digione ed erbe aromatiche

Tempo di preparazione: 10 minuti
Tempo di cottura: 30 minuti
Porzioni: 6
Difficoltà: media

Ingredienti:

- ½ tazza di foglie di prezzemolo fresco italiano, tritate finemente
- 3 cucchiai di foglie di rosmarino fresco, tritate
- 3 cucchiai di foglie di timo fresco, tritate finemente
- 3 cucchiai di senape di Digione
- 1 cucchiaio di olio extra vergine di oliva
- 4 spicchi d'aglio, tritati finemente
- ½ cucchiaino di sale marino
- ¼ di cucchiaino di pepe nero appena macinato
- 1 filetto di maiale (1½ libbra).

Itinerario:

Preriscaldare il forno a 400 ° F. Mescolare insieme prezzemolo, rosmarino, timo, senape, olio d'oliva, aglio, sale marino e pepe. Procedere per circa 30 secondi fino a che liscio. Distribuire uniformemente la massa sulla carne di maiale e disporla su una teglia foderata.

Cuocere fino a quando la carne raggiunge una temperatura interna di 140 gradi. Togliere dal forno e mettere da parte per 10 minuti prima di affettare e servire.

Nutrienti (per 100g): 393 calorie 3 g di grassi 5 g di carboidrati 74 g di proteine 697 mg di sodio

Bistecca con salsa di funghi al vino rosso

Tempo di preparazione: minuti più 8 ore per il decapaggio
Tempo di cottura: 20 minuti
Porzioni: 4
Difficoltà: Difficile

Ingredienti:

- <u>Per spezzatino e bistecca</u>
- 1 bicchiere di vino rosso secco
- 3 spicchi d'aglio, tritati finemente
- 2 cucchiai di olio extra vergine di oliva
- 1 cucchiaio di salsa di soia a basso contenuto di sodio
- 1 cucchiaio di timo secco
- 1 cucchiaino di senape di Digione
- 2 cucchiai di olio extra vergine di oliva
- Da 1 a 1½ libbre di bistecca alla gonna, ferro da stiro o bistecca a tre punte
- <u>Per la salsa ai funghi</u>
- 2 cucchiai di olio extra vergine di oliva
- 1 chilo di funghi cremini squartati
- ½ cucchiaino di sale marino
- 1 cucchiaino di timo secco
- 1/8 cucchiaino di pepe nero appena macinato
- 2 spicchi d'aglio, tritati finemente

- 1 bicchiere di vino rosso secco

Itinerario:

Per preparare marinate e bistecche

In una piccola ciotola, sbatti insieme il vino, l'aglio, l'olio d'oliva, la salsa di soia, il timo e la senape. Versare in un sacchetto richiudibile e aggiungere la bistecca. Metti la bistecca in frigorifero a marinare per 4-8 ore. Togliere la bistecca dalla marinata e asciugarla con carta assorbente.

Scaldare l'olio d'oliva in una padella larga finché non diventa luccicante.

Disporre la bistecca e cuocerla per ca. 4 minuti per lato, fino a quando entrambi i lati saranno ben dorati e la bistecca avrà raggiunto una temperatura interna di 140°F. Togliete la bistecca dalla pentola e disponetela su un piatto rivestito con un foglio di alluminio per tenerla al caldo mentre preparate la salsa ai funghi.

Quando la salsa ai funghi sarà pronta, tagliate la bistecca a fette spesse circa mezzo centimetro lungo la venatura.

Per preparare la salsa ai funghi

Scaldare l'olio nella stessa padella a fuoco medio-alto. Aggiungere i funghi, il sale marino, il timo e il pepe. Cuocere per circa 6 minuti, mescolando molto raramente, fino a quando i funghi saranno dorati.

Soffriggere l'aglio. Mescolare il vino e utilizzare il lato di un cucchiaio di legno per raschiare eventuali pezzetti dorati dal fondo della padella. Cuocere finché la quantità di liquido non si sarà ridotta della metà. Versare i funghi sulla bistecca e servire.

Nutrienti (per 100g): 405 calorie 5 g di grassi 7 g di carboidrati 33 g di proteine 842 mg di sodio

polpette greche

Tempo di preparazione: 20 minuti

Tempo di cottura: 25 minuti

Porzioni: 4

Difficoltà: media

Ingredienti:

- 2 fette di pane grosso
- 1¼ libbra di tacchino macinato
- 1 uovo
- ¼ di tazza di pangrattato integrale condito
- 3 spicchi d'aglio, tritati finemente
- ¼ cipolla rossa, grattugiata
- ¼ di tazza di foglie di prezzemolo italiano fresco tritato
- 2 cucchiai di foglie di menta fresca tritate
- 2 cucchiai di foglie di origano fresco tritato
- ½ cucchiaino di sale marino
- ¼ di cucchiaino di pepe nero appena macinato

Itinerario:

Preriscaldare il forno a 350 ° F. Disporre sulla teglia della carta da forno o un foglio di alluminio. Passate il pane sotto l'acqua per inumidirlo e strizzatelo per eliminare l'eccesso. Strappare il pane umido in piccoli pezzi e metterlo in una ciotola media.

Aggiungere il tacchino, l'uovo, il pangrattato, l'aglio, la cipolla rossa, il prezzemolo, la menta, l'origano, il sale marino e il pepe. Mescolare bene. Formare con il composto delle palline grandi circa ¼ di tazza. Disporre le polpette sulla teglia preparata e infornare per circa 25 minuti o fino a quando la temperatura interna raggiunge 165°F.

Nutrienti (per 100g): 350 calorie 6 g di grassi 10 g di carboidrati 42 g di proteine 842 mg di sodio

Agnello con fagioli

Tempo di preparazione: 10 minuti

Tempo di preparazione: 1 ora

Porzioni: 6

Difficoltà: Difficile

Ingredienti:

- ¼ di tazza di olio extra vergine di oliva, diviso
- 6 costolette di agnello, rifilate per il grasso extra
- 1 cucchiaino di sale marino, diviso
- ½ cucchiaino di pepe nero appena macinato
- 2 cucchiai di concentrato di pomodoro
- 1 tazza e ½ di acqua calda
- 1 chilo di fagiolini, mondati e tagliati a metà trasversalmente
- 1 cipolla, tritata
- 2 pomodori, tritati

Itinerario:

Scaldare 2 cucchiai di olio d'oliva in una padella larga finché non diventa luccicante. Condire le costolette di agnello con ½ cucchiaino di sale marino e 1/8 di cucchiaino di pepe. Friggere l'agnello nell'olio bollente per circa 4 minuti su ciascun lato finché non sarà dorato su entrambi i lati. Disporre la carne su un piatto e mettere da parte.

Riporta la padella sul fuoco e aggiungi i restanti 2 cucchiai di olio d'oliva. Riscaldare finché non diventa luccicante.

Sciogliere il concentrato di pomodoro nell'acqua calda in una ciotola. Aggiungere alla padella calda insieme ai fagiolini, alla cipolla, ai pomodori e al rimanente ½ cucchiaino di sale marino e ¼ di cucchiaino di pepe. Portare a ebollizione a fuoco basso, usando il lato di un cucchiaio per raschiare i pezzetti dorati dal fondo della padella.

Riporta le costolette di agnello nella padella. Portare a ebollizione e ridurre la fiamma a medio-bassa. Cuocere a fuoco lento per 45 minuti finché i fagioli saranno teneri, aggiungendo altra acqua se necessario per aggiustare la densità della salsa.

Nutrienti (per 100g): 439 calorie 4 g di grassi 10 g di carboidrati 50 g di proteine 745 mg di sodio

Pollo in padella con salsa di pomodoro e aceto balsamico

Tempo di preparazione: 10 minuti
Tempo di cottura: 20 minuti
Porzioni: 4
Difficoltà: media

ingredienti

- 2 petti di pollo disossati e senza pelle (8 once o 226,7 g).
- ½ cucchiaino. sale
- ½ cucchiaino. Pepe macinato
- 3 cucchiai. olio extravergine d'oliva
- ½ tazza di pomodorini tagliati a metà
- 2 cucchiai. scalogno affettato
- ¼ c. aceto balsamico
- 1 cucchiaio. aglio tritato finemente
- 1 cucchiaio. semi di finocchio tostati, tritati
- 1 cucchiaio. burro

Itinerario:

Tagliate il petto di pollo in 4 pezzi e battetelo con una mazza fino a raggiungere uno spessore di mezzo centimetro. Usa ¼ di cucchiaino di pepe e sale per ricoprire il pollo. Scaldare due cucchiai di olio in una padella e tenerlo a fuoco medio. Friggere i petti di pollo per tre minuti su ciascun lato. Disporre su un piatto e coprire con un foglio di alluminio per mantenerlo caldo.

In una padella aggiungete un cucchiaio di olio, lo scalogno e i pomodori e fate cuocere fino a quando saranno morbidi. Aggiungere l'aceto e far bollire fino a quando l'aceto si sarà ridotto della metà. Aggiungere i semi di finocchio, l'aglio, sale e pepe e cuocere per circa quattro minuti. Togliere dal fuoco e mantecare con il burro. Versare questa salsa sul pollo e servire.

Nutrienti (per 100g): 294 calorie 17 g di grassi 10 g di carboidrati 2 g di proteine 639 mg di sodio

Insalata di riso integrale, feta, piselli freschi e menta

Tempo di preparazione: 10 minuti

Tempo di cottura: 25 minuti

Porzioni: 4

Difficoltà: Facile

Ingredienti:

- 2 c) riso integrale
- 3c) acqua
- Sale
- 5 once oppure 141,7 g di feta sbriciolata
- 2 c) piselli lessati
- ½ tazza di menta tritata, fresca
- 2 cucchiai. olio d'oliva
- Sale pepe

Itinerario:

Mettete il riso integrale, l'acqua e il sale in una casseruola a fuoco medio, coprite e portate a ebollizione. Ridurre il fuoco e cuocere finché l'acqua non si sarà sciolta e il riso sarà morbido ma gommoso. Lasciarlo raffreddare completamente

Aggiungere la feta, i piselli, la menta, l'olio d'oliva, il sale e il pepe in un'insalatiera con il riso raffreddato e mescolare per unire. Servire e buon appetito!

Nutrienti (per 100g): 613 calorie 18,2 g di grassi 45 g di carboidrati 12 g di proteine 755 mg di sodio

Pane pita integrale ripieno di olive e ceci

Tempo di preparazione: 10 minuti
Tempo di cottura: 20 minuti
Porzioni: 2
Difficoltà: media

Ingredienti:

- 2 tasche di pita integrale
- 2 cucchiai. olio d'oliva
- 2 spicchi d'aglio, tritati
- 1 cipolla, tritata
- ½ cucchiaino. il cumino
- 10 olive nere, tritate
- 2 c) ceci lessati
- Sale pepe

Itinerario:

Tagliare le tasche della pita e metterle da parte. Accendere il fuoco a una temperatura media e posizionare una padella al suo posto. Aggiungere l'olio d'oliva e scaldare. Aggiungere l'aglio, la cipolla e il cumino nella padella calda e mescolare fino a quando la cipolla sarà morbida e il cumino profumato. Aggiungete le olive, i ceci, sale e pepe e mescolate fino a quando i ceci saranno dorati

Togliete la padella dal fuoco e schiacciate grossolanamente i ceci con un cucchiaio di legno in modo che una parte sia integra e l'altra schiacciata. Scalda i fiori di pita nel microonde, nel forno o in una padella pulita sul fornello

Riempiteli con il composto di ceci e buon appetito!

Nutrienti (per 100g): 503 calorie 19 g di grassi 14 g di carboidrati 15,7 g di proteine 798 mg di sodio

Carote arrostite con noci e fagioli cannellini

Tempo di preparazione: 10 minuti
Tempo di cottura: 45 minuti
Porzioni: 4
Difficoltà: media

Ingredienti:

- 4 carote sbucciate, tritate finemente
- 1 c) noci
- 1 cucchiaio. Miele
- 2 cucchiai. olio d'oliva
- 2 barattoli di fagioli cannellini, scolati
- 1 rametto di timo fresco
- Sale pepe

Itinerario:

Impostare il forno a 400 F/204 C e rivestire una teglia o una teglia con carta da forno. Disporre le carote e le noci sulla teglia o sulla padella foderata. Cospargere l'olio d'oliva e il miele sulle carote e sulle noci, quindi strofinare il tutto per ricoprirlo. Distribuire i fagioli sulla teglia e unirli alle carote e alle noci

Aggiungete il timo, aggiustate di sale e pepe, mettete la teglia nel forno e fate cuocere per circa 40 minuti.

Servire e gustare

Nutrienti (per 100g): 385 calorie 27 g di grassi 6 g di carboidrati 18 g di proteine 859 mg di sodio

Pollo al burro speziato

Tempo di preparazione: 10 minuti
Tempo di cottura: 25 minuti
Porzioni: 4
Difficoltà: media

Ingredienti:

- ½ tazza. panna montata dura
- 1 cucchiaio. Sale
- ½ tazza di brodo di ossa
- 1 cucchiaio. Pepe
- 4 cucchiai. Burro
- 4 mezzi petti di pollo

Itinerario:

Mettete la padella sul fuoco a fuoco medio e aggiungete un cucchiaio di burro. Quando il burro sarà caldo e sciolto, aggiungere il pollo e cuocere per cinque minuti su ciascun lato. Trascorso questo tempo il pollo dovrà essere ben cotto e dorato; se è così, mettilo su un piatto.

Quindi aggiungere il brodo di ossa nella padella calda. Aggiungere panna, sale e pepe. Quindi lasciare la padella finché la salsa non inizia a bollire. Lasciare che questo processo continui per cinque minuti per addensare la salsa.

Infine, rimetti il burro e il pollo rimanenti nella padella. Assicurati di usare un cucchiaio per versare la salsa sul pollo e soffocarlo completamente. Servi

Nutrienti (per 100g): 350 calorie 25 g di grassi 10 g di carboidrati 25 g di proteine 869 mg di sodio

Pollo al bacon con doppio formaggio

Tempo di preparazione: 10 minuti

Tempo di cottura: 30 minuti

Porzioni: 4

Difficoltà: Facile

Ingredienti:

- 4 once. o 113 g di formaggio cremoso
- 1 c. Formaggio cheddar
- 8 strisce di pancetta
- Sale marino
- Pepe
- 2 spicchi d'aglio, tritati finemente
- Petto di pollo
- 1 cucchiaio. Grasso o burro di pancetta

Itinerario:

Preriscaldare il forno a 400 F/204 C Tagliare i petti di pollo a metà in modo che siano sottili

Condire con sale, pepe e aglio. Ungete una pirofila con il burro e adagiatevi il petto di pollo. Metti la crema di formaggio e il formaggio cheddar sopra i seni

Aggiungete le fette di pancetta e mettete la teglia in forno per 30 minuti. Servire caldo

Nutrienti (per 100g): 610 calorie 32 g di grassi 3 g di carboidrati 38 g di proteine 759 mg di sodio

Gamberetti al limone e pepe

Tempo di preparazione: 10 minuti

Tempo di cottura: 10 minuti

Porzioni: 4

Difficoltà: Facile

Ingredienti:

- 40 gamberi sgusciati e sgusciati
- 6 spicchi d'aglio tritati finemente
- Sale e pepe nero
- 3 cucchiai. olio d'oliva
- ¼ cucchiaino. peperone
- Un pizzico di scaglie di peperoncino macinato
- ¼ cucchiaino. buccia di limone grattugiata
- 3 cucchiai. Sherry o altro vino
- 1½ cucchiaio. erba cipollina affettata
- Succo di 1 limone

Itinerario:

Accendete la fiamma a una temperatura media e mettete una padella al suo posto.

Aggiungere l'olio e i gamberi, cospargere di pepe e sale e friggere per 1 minuto. Aggiungere la paprika, l'aglio e il pepe in scaglie e soffriggere per 1 minuto. Aggiungere con cura lo sherry e cuocere per un altro minuto

Togliere i gamberi dal fuoco, aggiungere l'erba cipollina e la scorza di limone, mescolare e disporre nei piatti. Aggiungere il succo di limone e servire

Nutrienti (per 100g): 140 calorie 1 g di grassi 5 g di carboidrati 18 g di proteine 694 mg di sodio

Halibut impanato e condito

Tempo di preparazione: 5 minuti

Tempo di cottura: 25 minuti

Porzioni: 4

Difficoltà: Facile

Ingredienti:

- ¼ c. erba cipollina fresca tritata
- ¼ di tazza di aneto fresco tritato
- ¼ cucchiaino. Pepe nero macinato
- ¾ del pangrattato panko
- 1 cucchiaio. olio extravergine d'oliva
- 1 cucchiaino. buccia di limone grattugiata finemente
- 1 cucchiaino. sale marino
- 1/3 tazza di prezzemolo fresco tritato
- 4 filetti di ippoglosso (6 once o 170 g).

Itinerario:

In una ciotola media, mescolare l'olio d'oliva e il resto degli ingredienti tranne i filetti di ippoglosso e il pangrattato

Immergere i filetti di ippoglosso nel composto e marinare per 30 minuti. Preriscaldare il forno a 204 C. Metti la pellicola su una teglia e ricoprila con spray da cucina. Passate i filetti nel pangrattato e disponeteli sulla teglia. Cuocere in forno per 20 minuti e servire tiepido

Nutrienti (per 100g): 667 calorie 24,5 g di grassi 2 g di carboidrati 54,8 g di proteine 756 mg di sodio

Salmone al curry con senape

Tempo di preparazione: 10 minuti
Tempo di cottura: 20 minuti
Porzioni: 4
Difficoltà: Facile

Ingredienti:

- ¼ cucchiaino. pepe rosso macinato o peperoncino in polvere
- ¼ cucchiaino. curcuma, macinata
- ¼ cucchiaino. sale
- 1 cucchiaino. Miele
- ¼ cucchiaino. Polvere d'aglio
- 2 cucchiaini. senape integrale
- 4 filetti di salmone (6 once o 170 g).

Itinerario:

In una ciotola, mescolare la senape e gli altri ingredienti, escluso il salmone. Preriscaldare il forno a 350 F/176 C. Ungere una teglia con spray da cucina. Disporre la pelle del salmone su una teglia da forno con la pelle rivolta verso il basso e distribuire uniformemente il composto di senape sulla parte superiore dei filetti. Mettere nel forno e cuocere per 10-15 minuti o fino a quando non diventa friabile.

Nutrienti (per 100g): 324 calorie 18,9 g di grassi 1,3 g di carboidrati 34 g di proteine 593 mg di sodio

Salmone in crosta di noci e rosmarino

Tempo di preparazione: 10 minuti

Tempo di cottura: 25 minuti

Porzioni: 4

Difficoltà: media

Ingredienti:

- Filetti di salmone senza pelle congelati da 1 libbra o 450 g
- 2 cucchiaini. senape di Digione
- 1 spicchio d'aglio, tritato finemente
- ¼ cucchiaino. scorza di limone
- ½ cucchiaino. Miele
- ½ cucchiaino. sale kosher
- 1 cucchiaino. rosmarino appena tagliato
- 3 cucchiai. pan grattato panko
- ¼ cucchiaino. peperoncino rosso tritato
- 3 cucchiai. Noci tritate
- 2 cucchiaini. olio extravergine d'oliva

Itinerario:

Preriscaldare il forno a 420 F/215 C e rivestire una teglia cerchiata con carta da forno. Mescolare in una ciotola la senape, la scorza di limone, l'aglio, il succo di limone, il miele, il rosmarino, il peperoncino tritato e il sale. In un'altra ciotola, mescolare le noci, il panko e 1 cucchiaino di olio. Mettete la carta da forno sulla teglia e adagiatevi sopra il salmone.

Distribuire il composto di senape sul pesce, quindi distribuire il composto di panko sul pesce. Spruzzare leggermente l'olio d'oliva rimanente sul salmone. Cuocere per circa 10-12 minuti, o finché il salmone non si sfalda con una forchetta. Servire caldo

Nutrienti (per 100g): 222 calorie 12 g di grassi 4 g di carboidrati 0,8 g di proteine 812 mg di sodio

Spaghetti veloci al pomodoro

Tempo di preparazione: 10 minuti

Tempo di cottura: 25 minuti

Porzioni: 4

Difficoltà: media

Ingredienti:

- 8 once oppure 226,7 g di spaghetti
- 3 cucchiai. olio d'oliva
- 4 spicchi d'aglio, affettati
- 1 jalapeno, affettato
- 2c) pomodorini
- Sale pepe
- 1 cucchiaino. aceto balsamico
- ½ tazza. parmigiano, grattugiato

Itinerario:

Portare a ebollizione una grande pentola d'acqua a fuoco medio. Aggiungete un pizzico di sale e portate a ebollizione, quindi aggiungete gli spaghetti. Lascia bollire per 8 minuti. Mentre la pasta cuoce, scaldare l'olio in una padella e aggiungere l'aglio e lo jalapeño. Cuocere per un altro minuto, quindi aggiungere i pomodori, il pepe e il sale.

Cuocere per 5-7 minuti fino a quando la pelle del pomodoro si screpola.

Aggiungere l'aceto e togliere dal fuoco. Scolate bene gli spaghetti e conditeli con la salsa di pomodoro. Cospargere di formaggio e servire subito.

Nutrienti (per 100g): 298 calorie 13,5 g di grassi 10,5 g di carboidrati 8 g di proteine 749 mg di sodio

Formaggio fritto con peperoncino origano

Tempo di preparazione: 10 minuti

Tempo di cottura: 25 minuti

Porzioni: 4

Difficoltà: Facile

Ingredienti:

- 8 once o 226,7 g di formaggio feta
- 4 once. oppure 113 g di mozzarella, sbriciolata
- 1 peperoncino a fette
- 1 cucchiaino. origano secco
- 2 cucchiai. olio d'oliva

Itinerario:

Metti la feta in una piccola pirofila ignifuga. Spalmare la superficie con la mozzarella, condire con fettine di peperone e origano. coprire la padella. Cuocere in forno preriscaldato a 350 F/176 C per 20 minuti. Servire il formaggio e buon appetito.

Nutrienti (per 100g): 292 calorie 24,2 g di grassi 5,7 g di carboidrati 2 g di proteine 733 mg di sodio

311. Pollo italiano croccante

Tempo di preparazione: 10 minuti

Tempo di cottura: 30 minuti

Porzioni: 4

Difficoltà: Facile

Ingredienti:

- 4 cosce di pollo
- 1 cucchiaino. basilico essiccato
- 1 cucchiaino. origano secco
- Sale pepe
- 3 cucchiai. olio d'oliva
- 1 cucchiaio. aceto balsamico

Itinerario:

Condire bene il pollo con basilico e origano. Usate una padella, aggiungete l'olio e fate scaldare. Aggiungi il pollo all'olio caldo. Friggere entrambi i lati per 5 minuti fino a doratura, quindi coprire la padella.

Regolare la fiamma a una temperatura media e cuocere per 10 minuti su un lato, quindi girare il pollo alcune volte e cuocere per altri 10 minuti fino a quando diventa croccante. Servire il pollo e buon appetito.

Nutrienti (per 100g): 262 calorie 13,9 g di grassi 11 g di carboidrati 32,6 g di proteine 693 mg di sodio

Muffin alla pizza con quinoa

Tempo di preparazione: 15 minuti

Tempo di cottura: 30 minuti

Porzioni: 4

Difficoltà: Facile

Ingredienti:

- 1 tazza di quinoa cruda
- 2 uova grandi
- ½ cipolla media, tagliata a dadini
- 1 tazza di peperone a dadini
- 1 tazza di mozzarella grattugiata
- 1 cucchiaio di basilico essiccato
- 1 cucchiaio di origano secco
- 2 cucchiaini di aglio in polvere
- 1/8 cucchiaino di sale
- 1 cucchiaino di pepe rosso macinato
- ½ tazza di peperoni rossi arrostiti, tritati*
- Salsa per pizza, circa 1-2 tazze

Itinerario:

Preriscaldare il forno a 350oF. Cuocere la quinoa secondo le istruzioni. Mescolare tutti gli ingredienti (tranne la salsa) in una ciotola. Mescolare bene tutti gli ingredienti.

Versare uniformemente il composto per la pizza con quinoa nello stampo per muffin. Fa 12 muffin. Cuocere per 30 minuti fino a quando i muffin saranno dorati e i bordi croccanti.

Completare con 1 o 2 cucchiai di salsa per pizza e buon appetito!

Nutrienti (per 100g): 303 calorie 6,1 g di grassi 41,3 g di carboidrati 21 g di proteine 694 mg di sodio

Pane alle noci e rosmarino

Tempo di preparazione: 5 minuti

Tempo di cottura: 45 minuti

Porzioni: 8

Difficoltà: Difficile

Ingredienti:

- ½ tazza di noci tritate
- 4 cucchiai di rosmarino fresco tritato
- 1 tazza e 1/3 di acqua frizzante tiepida
- 1 cucchiaio di miele
- ½ bicchiere di olio extra vergine di oliva
- 1 cucchiaino di aceto di mele
- 3 uova
- 5 cucchiaini di lievito secco istantaneo in granuli
- 1 cucchiaino di sale
- 1 cucchiaio di gomma di xantano
- ¼ tazza di latticello
- 1 tazza di farina di riso bianco
- 1 tazza di amido di tapioca
- 1 tazza di amido di freccia
- 1 tazza e ¼ Miscela di farina senza glutine Bob's Red Mill per tutti gli usi

Itinerario:

Sbattere bene le uova in una grande ciotola. Aggiungere 1 tazza di acqua tiepida, miele, olio d'oliva e aceto.

Aggiungete il resto degli ingredienti, tranne il rosmarino e le noci, continuando a mescolare.

Continua a colpire. Se l'impasto risultasse troppo duro, mescolatelo con un po' di acqua tiepida. L'impasto dovrà risultare soffice e denso.

Aggiungete poi il rosmarino e le noci e continuate ad impastare fino a distribuirli uniformemente.

Coprite la ciotola con l'impasto con un canovaccio pulito, mettetela in un luogo tiepido e lasciatela lievitare per 30 minuti.

Quindici minuti dopo l'inizio del tempo di lievitazione, preriscaldare il forno a 400 °F.

Ungere un forno olandese da 2 litri con olio d'oliva e preriscaldare il forno senza coperchio.

Quando l'impasto sarà lievitato, togliete la teglia dal forno e aggiungete l'impasto. Distribuire uniformemente la parte superiore dell'impasto nella padella con una spatola bagnata.

Spennellare la parte superiore del pane con 2 cucchiai di olio d'oliva, coprire il forno olandese e cuocere per 35-45 minuti. Quando il pane sarà pronto, sfornatelo. E rimuovi con attenzione il pane dalla padella. Lasciare raffreddare il pane per almeno dieci minuti prima di affettarlo. Servire e gustare.

Nutrienti (per 100g): 424 calorie 19 g di grassi 56,8 g di carboidrati 7 g di proteine 844 mg di sodio

Panini deliziosi e granchi

Tempo di preparazione: 5 minuti

Tempo di cottura: 10 minuti

Porzioni: 4

Difficoltà: Facile

Ingredienti:

- 1 cucchiaio di olio d'oliva
- Il pane francese viene diviso e tagliato in diagonale
- 1 libbra di aragoste
- ½ tazza di sedano
- ¼ tazza di cipolle verdi tritate
- 1 cucchiaino di salsa Worcestershire
- 1 cucchiaino di succo di limone
- 1 cucchiaio di senape di Digione
- ½ tazza di maionese leggera

Itinerario:

In una ciotola media, sbatti insieme sedano, cipolla, Worcestershire, succo di limone, senape e maionese. Condite con sale e pepe a piacere. Quindi aggiungere con attenzione le mandorle e il granchio.

Spennellare la parte affettata del pane con olio d'oliva e spalmarla con il composto di granchio prima di coprire con un'altra fetta di pane.

Grigliare il panino in una pressa per panini fino a quando il pane sarà croccante e costoluto.

Nutrienti (per 100g): 248 calorie 10,9 g di grassi 12 g di carboidrati 24,5 g di proteine 845 mg di sodio

Pizza e dolci perfetti

Tempo di preparazione: 35 minuti

Tempo di cottura: 15 minuti

Porzioni: 10

Difficoltà: Difficile

Ingredienti:

- <u>Per l'impasto della pizza:</u>
- 2 cucchiaini di miele
- 1/4 oncia. lievito secco attivo
- 11/4 tazze di acqua calda (circa 120°F)
- 2 cucchiai di olio d'oliva
- 1 cucchiaino di sale marino
- 3 tazze di farina integrale + 1/4 di tazza, necessaria per arrotolare
- <u>Per il condimento della pizza:</u>
- 1 tazza di salsa al pesto
- 1 tazza di cuori di carciofo
- 1 tazza di foglie di spinaci appassite
- 1 tazza di pomodori secchi
- 1/2 tazza di olive Kalamata
- 4 once. formaggio feta
- 4 once. formaggio misto parti uguali mozzarella magra, Asiago e provolone olio d'oliva

- Condimenti facoltativi:
- Paprica
- Petto di pollo, strisce Basilico fresco
- pinoli

Itinerario:

Per l'impasto della pizza:

Preriscaldare il forno a 350 ° F.

Mescolare il miele e il lievito con l'acqua tiepida nella planetaria. Mescolare il composto fino a quando non sarà completamente combinato. Lasciare riposare il composto per 5 minuti per garantire l'attività del lievito mediante la comparsa di bollicine in superficie.

Versare l'olio d'oliva. Aggiungere il sale e mescolare per mezzo minuto. Aggiungi gradualmente 3 tazze di farina, circa mezza tazza alla volta, mescolando per qualche minuto mentre mescoli.

Lasciare impastare il robot per 10 minuti fino a ottenere un composto liscio ed elastico, spolverando con farina se necessario per evitare che l'impasto si attacchi alla superficie della ciotola del robot.

Togliere la pasta dalla ciotola. Lasciare agire per 15 minuti, coperto con un asciugamano umido e caldo.

Stendere l'impasto ad uno spessore di mezzo centimetro, cospargere di farina quanto basta. Bucherellare l'impasto con una forchetta in modo casuale per evitare che la crosta si formi delle bolle.

Disporre l'impasto forato e arrotolato su una pietra per pizza o su una teglia. Cuocere per 5 minuti.

Per il condimento della pizza:

Stendere l'impasto della pizza cotta sottilmente con olio d'oliva.

Versare sopra il pesto e stenderlo uniformemente sulla superficie dell'impasto della pizza, lasciando uno spazio di mezzo centimetro attorno al bordo della crosta.

Completare la pizza con cuori di carciofo, foglie di spinaci appassite, pomodori secchi e olive. (Se lo desideri, puoi aggiungere più ingredienti sopra.) Copri la parte superiore con il formaggio.

Disporre la pizza direttamente sulla griglia del forno. Cuocere per 10 minuti fino a quando il formaggio bolle e si scioglie dal centro fino alla fine. Lasciare raffreddare la pizza per 5 minuti prima di tagliarla.

Nutrienti (per 100g): 242,8 calorie 15,1 g di grassi 15,7 g di carboidrati 14,1 g di proteine 942 mg di sodio

Margherita modello mediterraneo

Tempo di preparazione: 15 minuti

Tempo di cottura: 15 minuti

Porzioni: 10

Difficoltà: Difficile

Ingredienti:

- 1 porzione di impasto per pizza
- 2 cucchiai di olio d'oliva
- 1/2 tazza di pomodori tritati
- 3 pomodori Roma, tagliati a fette spesse 1/4 di pollice
- 1/2 tazza di foglie di basilico fresco, affettate sottilmente
- 6 once. bloccare la mozzarella, tagliarla a fette da 1/4 di pollice, quindi asciugarla con carta assorbente
- 1/2 cucchiaino di sale marino

Itinerario:

Preriscaldare il forno a 450 ° F.

Spennellare leggermente l'impasto della pizza con olio d'oliva. Distribuire uniformemente i pomodori schiacciati sull'impasto della pizza, lasciando uno spazio di mezzo pollice attorno al bordo della crosta.

Completare la pizza con fette di pomodoro Roma, foglie di basilico e fette di mozzarella. Salare la pizza.

Disporre la pizza direttamente sulla griglia del forno. Cuocere fino a quando il formaggio si scioglie dal centro alla crosta. Mettere da parte prima di affettare.

Nutrienti (per 100g): 251 calorie 8 g di grassi 34 g di carboidrati 9 g di proteine 844 mg di sodio

Parti da picnic portatili imballate

Tempo di preparazione: 5 minuti

Tempo di cottura: 0 minuti

Porzioni: 1

Difficoltà: Facile

Ingredienti:

- 1 fetta di pane integrale, tagliata a pezzetti
- 10 pomodorini
- 1/4 oncia. formaggio stagionato, affettato
- 6 olive marinate nell'olio

Itinerario:

Conserva i singoli ingredienti in un contenitore portatile per i pasti in movimento.

Nutrienti (per 100g): 197 calorie 9 g di grassi 22 g di carboidrati 7 g di proteine 499 mg di sodio

Frittata ripiena di succose zucchine e crema di pomodoro

Tempo di preparazione: 10 minuti

Tempo di cottura: 15 minuti

Porzioni: 4

Difficoltà: Facile

Ingredienti:

- 8 uova
- 1/4 cucchiaino di peperoncino rosso, tritato
- 1/4 cucchiaino di sale
- 1 cucchiaio di olio d'oliva
- 1 zucchina piccola, tagliata a fette sottili nel senso della lunghezza
- 1/2 tazza di pomodorini rossi o gialli, tagliati a metà
- 1/3 di tazza di noci, tritate grossolanamente
- 2 once. bocconcini di mozzarella fresca (bocconcini)

Itinerario:

Preriscaldare la griglia. Nel frattempo, sbatti l'uovo, il peperoncino tritato e il sale in una ciotola media. Mettilo da parte.

In una padella da 10 pollici a prova di carne, scaldare l'olio d'oliva a fuoco medio-alto. Disporre le fette di zucca in uno strato uniforme sul fondo della teglia. Cuocere per 3 minuti, girando una volta a metà cottura.

Distribuire i pomodorini sopra lo strato di zucchine. Versare il composto di uova sulle verdure nella padella. Decorare la parte superiore con noci e palline di mozzarella.

Passare a fuoco medio. Cuocere fino a quando i lati iniziano a indurirsi. Aiutandovi con una spatola, sollevate la frittata in modo che le parti cotte del composto di uova galleggino sotto.

Metti la padella sulla griglia. Cuocere la frittata a 4 cm dal fuoco per 5 minuti, finché la superficie sarà morbida. Al momento di servire tagliare la frittata a fette.

Nutrienti (per 100g): 284 calorie 14 g di grassi 4 g di carboidrati 17 g di proteine 788 mg di sodio

Pane alla banana e panna acida

Tempo di preparazione: 10 minuti
Tempo di cottura: 1 ora e 10 minuti
Porzioni: 32
Difficoltà: media

Ingredienti:

- zucchero bianco (0,25 tazza)
- cannella (1 cucchiaino + 2 cucchiaini)
- Burro (0,75)
- zucchero bianco (3 tazze)
- uova (3)
- Banane molto mature, schiacciate (6)
- Panna acida (contenitore da 16 once)
- estratto di vaniglia (2 cucchiaini)
- sale (0,5 cucchiaino)
- bicarbonato di sodio (3 cucchiaini)
- Farina 00 (4,5 tazze)
- Opzionale: noci tritate (1 tazza)
- Necessario anche: teglia da 4-7 x 3 pollici

Itinerario:

Impostare il forno a 300 gradi Fahrenheit. Ungere gli stampini per il pane.

Setacciare lo zucchero e un cucchiaino di cannella. Spolverare la teglia con il composto.

Mescolare il burro con il resto dello zucchero. Schiaccia la banana con le uova, la cannella, la vaniglia, la panna acida, il sale, il bicarbonato e la farina. Alla fine aggiungete le noci.

Versare il composto nelle padelle. Cuocere per un'ora. Servi

Nutrienti (per 100g): 263 calorie 10,4 g di grassi 9 g di carboidrati 3,7 g di proteine 633 mg di sodio

Pane pita fatto in casa

Tempo di preparazione: 15 minuti

Tempo di cottura: 5 ore (compreso il tempo di sollevamento)

Porzioni: 7

Difficoltà: Difficile

Ingredienti:

- Lievito secco (0,25 once)
- zucchero (0,5 cucchiaino)
- Farina per pane/mix multiuso e integrale (2,5 tazze + altro per spolverare)
- sale (0,5 cucchiaino)
- Acqua (0,25 tazza o quanto necessario)
- olio quanto basta

Itinerario:

Sciogliere il lievito e lo zucchero in ¼ di tazza di acqua tiepida in una piccola ciotola. Aspettate circa 15 minuti (è pronto quando farà la schiuma).

Setacciare la farina e il sale in un'altra ciotola. Fate un buco al centro e aggiungete il composto di lievito (+) una tazza d'acqua. Impasta la pasta.

Posizionare su una superficie leggermente infarinata e impastare.

Aggiungete un filo d'olio sul fondo di una ciotola capiente e stendete l'impasto fino a ricoprire la superficie.

Mettete un canovaccio umido sulla teglia per la pasta. Avvolgete la ciotola in un panno umido e lasciatela in un luogo tiepido per almeno due ore o tutta la notte. (L'impasto raddoppierà le sue dimensioni.)

Lavorare la pasta, lavorare il pane e dividerlo in piccole palline. Appiattire le palline in spessi dischi ovali.

Spolverare un canovaccio con farina e adagiarvi sopra le fette ovali, lasciando abbastanza spazio tra loro per espandersi. Cospargere di farina e posizionare sopra un altro panno pulito. Lasciar lievitare per un'altra ora o due.

Impostare il forno a 425 gradi Fahrenheit. Mettere alcune teglie nel forno a scaldare brevemente. Ungete la teglia calda con olio e adagiatevi sopra le fette ovali di pane.

Cospargere leggermente gli ovali con acqua e cuocere fino a quando saranno leggermente dorati o per sei-otto minuti.

Serviteli mentre sono caldi. Disporre le focacce su una gratella e avvolgerle in un panno pulito e asciutto per mantenerle morbide in seguito.

Nutrienti (per 100g): 210 calorie 4 g di grassi 6 g di carboidrati 6 g di proteine 881 mg di sodio

Panino con focaccia

Tempo di preparazione: 10 minuti

Tempo di cottura: 20 minuti

Porzioni: 6

Difficoltà: Facile

Ingredienti:

- olio d'oliva (1 cucchiaio)
- Pilaf ai 7 cereali (8,5 once conf.)
- Cetrioli inglesi senza semi (1 tazza)
- Pomodori con semi (1 tazza)
- Feta sbriciolata (0,25 tazza)
- Succo di limone fresco (2 cucchiai)
- Pepe nero appena macinato (0,25 cucchiaino)
- Hummus normale (contenitore da 7 once)
- Confezione di focaccia bianca integrale (3 2,8 once ciascuno)

Itinerario:

Cuocere il pilaf secondo le indicazioni sulla confezione e lasciarlo raffreddare.

Tritare e mescolare i pomodori, il cetriolo, il formaggio, l'olio, il pepe e il succo di limone. Piega il pilaf.

Preparare dei wrap con l'hummus su un lato. Aggiungi il pilaf e piega.

Tagliare i panini e servire.

Nutrienti (per 100g): 310 calorie 9 g di grassi 8 g di carboidrati 10 g di proteine 745 mg di sodio

Piatto di mezze con pane Zaatar Pita tostato

Tempo di preparazione: 10 minuti
Tempo di cottura: 10 minuti
Porzioni: 4
Difficoltà: media

Ingredienti:

- Pita integrale (4)
- olio d'oliva (4 cucchiai)
- Zaatar (4 cucchiaini)
- Yogurt greco (1 tazza)
- Pepe nero e sale kosher (a piacere)
- Hummus (1 tazza)
- Cuori di carciofi marinati (1 tazza)
- Olive assortite (2 tazze)
- Peperone rosso arrostito a fette (1 tazza)
- Pomodorini (2 tazze)
- Salame (4 once)

Itinerario:

Usa una fiamma medio-alta per scaldare una padella capiente.

Spennellare leggermente entrambi i lati del pane pita con olio e aggiungere lo zaatar per condire.

Lo prepariamo nei dettagli mettendo la pita in una padella e tostandola fino a doratura. Dovrebbero volerci circa due minuti per lato. Tagliare ogni pita in quarti.

Condire lo yogurt con pepe e sale.

Per assemblare, tagliare le patate a metà e aggiungere hummus, yogurt, cuori di carciofo, olive, peperoni rossi, pomodori e salame.

Nutrienti (per 100g): 731 calorie 48 g di grassi 10 g di carboidrati 26 g di proteine 632 mg di sodio

Mini shawarma di pollo

Tempo di preparazione: 10 minuti

Tempo di cottura: 1 ora e 15 minuti

Porzioni: 8

Difficoltà: Facile

Ingredienti:

- <u>Il pollo:</u>
- Pollo tenero (1 libbra)
- olio d'oliva (0,25 tazza)
- Buccia e succo di limone (1)
- cumino (1 cucchiaino)
- Aglio in polvere (2 cucchiaini)
- Paprica affumicata (0,5 cucchiaini)
- coriandolo (0,75 cucchiaino)
- Pepe nero macinato fresco (1 cucchiaino)
- <u>La salsa:</u>
- Yogurt greco (1,25 tazze)
- Succo di limone (1 cucchiaio)
- Spicchi d'aglio grattugiati (1)
- Aneto fresco tritato (2 cucchiai)
- Pepe nero (0,125 tk/a piacere)
- Sale kosher (facoltativo)
- Prezzemolo fresco tritato (0,25 tazza)
- cipolla rossa (1 metà)

- lattuga romana (4 foglie)
- Cetriolo inglese (1 metà)
- Pomodoro (2)
- Mini pita (16)

Itinerario:

Metti il pollo in un sacchetto con chiusura a zip. Sbattere il brodo di pollo e metterlo nel sacchetto a marinare per un massimo di un'ora.

Preparare la salsa mescolando in una ciotola il succo, l'aglio e lo yogurt. Mescolare l'aneto, il prezzemolo, il pepe e il sale. Mettilo in frigo.

Scaldare una padella a fuoco medio. Togliere il pollo dalla marinata (lasciare sgocciolare l'eccesso).

Cuocere fino al termine, o circa quattro minuti su ciascun lato. Tagliare a strisce grandi adatte.

Tagliare il cetriolo e la cipolla a fettine sottili. Tritare la lattuga e tritare i pomodori. Assemblare e aggiungere alla pita: pollo, lattuga, cipolla, pomodoro e cetriolo.

Nutrienti (per 100g): 216 calorie 16 g di grassi 9 g di carboidrati 9 g di proteine 745 mg di sodio

Pizza alle melanzane

Tempo di preparazione: 10 minuti
Tempo di cottura: 30 minuti
Porzioni: 6
Difficoltà: media

Ingredienti:

- Melanzane (1 grande o 2 medie)
- olio d'oliva (0,33 tazza)
- Pepe nero e sale (a piacere)
- Salsa marinara - acquistata in negozio/fatta in casa (1,25 tazze)
- mozzarella grattugiata (1,5 tazze)
- Pomodorini (2 tazze - dimezzati)
- Foglie di basilico tritate (0,5 tazza)

Itinerario:

Preriscaldare il forno a 400 gradi Fahrenheit. Preparate la teglia con uno strato di carta da forno.

Tagliare le estremità delle melanzane e tagliarle a fette di ¾ di pollice. Disporre le fette sulla teglia preparata e spennellare entrambi i lati con olio d'oliva. Cospargere con pepe e sale a piacere.

Cuocere le melanzane fino a renderle morbide (10-12 minuti).

Togliere la teglia dal forno e versare sopra ogni porzione due cucchiai di salsa. Completare con mozzarella e tre o cinque pomodori.

Cuocere fino a quando il formaggio si scioglie. I pomodori dovrebbero formare delle bolle dopo circa 5-7 minuti.

Togliere la teglia dal forno. Servire e guarnire con basilico.

Nutrienti (per 100g): 257 calorie 20 g di grassi 11 g di carboidrati 8 g di proteine 789 mg di sodio

Pizza integrale mediterranea

Tempo di preparazione: 10 minuti

Tempo di cottura: 25 minuti

Porzioni: 4

Difficoltà: Facile

Ingredienti:

- Base pizza integrale (1)
- Pesto al basilico (barattolo da 4 once)
- Cuori di carciofo (0,5 tazza)
- Olive Kalamata (2 cucchiai)
- Peperoncini (2 cucchiai scolati)
- Formaggio feta (0,25 tazza)

Itinerario:

Programmare il forno a 450 gradi Fahrenheit.

Scolate il carciofo e tagliatelo a pezzetti. Tagliare/tritare i peperoni e le olive.

Disporre la teglia per pizza su un piano di lavoro infarinato e ricoprirla con il pesto. Disporre sopra la pizza i carciofi, le fette di peperoncino e le olive. Infine sbriciolare e aggiungere la feta.

Cuocere per 10-12 minuti. Servi.

Nutrienti (per 100g): 277 calorie 18,6 g di grassi 8 g di carboidrati 9,7 g di proteine 841 mg di sodio

Pita al forno con spinaci e feta

Tempo di preparazione: 5 minuti

Tempo di cottura: 22 minuti

Porzioni: 6

Difficoltà: Difficile

Ingredienti:

- Pesto di pomodori secchi (vaschetta da 6 once)
- Roma - pomodorini (2 pezzi tagliati a pezzetti)
- Pane pita integrale (sei pollici)
- Spinaci (1 mazzetto)
- Funghi (4 fette)
- parmigiano grattugiato (2 cucchiai)
- Formaggio feta sbriciolato (0,5 tazza)
- olio d oliva (3 cucchiai)
- Pepe nero (a piacere)

Itinerario:

Impostare il forno a 350 gradi Fahrenheit.

Distribuire il pesto su un lato di ciascuna pita e posizionarlo su una teglia da forno (con il pesto rivolto verso l'alto).

Lavare e tritare gli spinaci. Mettiamo sopra le pite gli spinaci, i funghi, i pomodori, la feta, il pepe, il parmigiano, il pepe e un filo d'olio.

Cuocere in forno caldo fino a quando la pita diventa croccante (12 minuti). Dividi la pita in quattro quarti.

Nutrienti (per 100g): 350 calorie 17,1 g di grassi 9 g di carboidrati 11,6 g di proteine 712 mg di sodio

Feta di anguria e pizza al balsamico

Tempo di preparazione: 10 minuti

Tempo di cottura: 15 minuti

Porzioni: 4

Difficoltà: Facile

Ingredienti:

- Anguria (spessa 1 pollice dal centro)
- Formaggio Feta Sbriciolato (1 Oncia)
- Olive Kalamata a fette (5-6)
- foglie di menta (1 cucchiaino)
- Glassa balsamica (0,5 cucchiai)

Itinerario:

Tagliare a metà la parte più larga dell'anguria. Quindi tagliare ciascuna metà in quattro fette.

Servire in una tortiera rotonda tipo pizza tonda e ricoprire con olive, formaggio, foglie di menta e glassa.

Nutrienti (per 100g): 90 calorie 3 g di grassi 4 g di carboidrati 2 g di proteine 761 mg di sodio

Hamburger misti piccanti

Tempo di preparazione: 10 minuti

Tempo di cottura: 30 minuti

Porzioni: 6

Difficoltà: media

Ingredienti:

- Cipolla media (1)
- Prezzemolo fresco (3 cucchiai)
- spicchi d'aglio (1)
- pimento macinato (0,75 cucchiaini)
- pepe (0,75 cucchiaino)
- Noce moscata macinata (0,25 cucchiaino)
- cannella (0,5 cucchiaino)
- sale (0,5 cucchiaino)
- menta fresca (2 cucchiai)
- 90% carne macinata magra (1,5 libbre)
- Opzionale: salsa fredda Tzatziki

Itinerario:

Tritare il prezzemolo, la menta, l'aglio e la cipolla a pezzetti.

Mescolare noce moscata, sale, cannella, pepe, pimento, aglio, menta, prezzemolo e cipolla.

Aggiungi la carne di manzo e prepara sei (6) polpette oblunghe da 2x4 pollici.

Utilizzare la temperatura media per grigliare le polpette oppure cuocere a 4 cm dal fuoco per 6 minuti per lato.

Al termine, un termometro per carne registrerà 160 gradi Fahrenheit. Servire con salsa a piacere.

Nutrienti (per 100g): 231 calorie 9 g di grassi 10 g di carboidrati 32 g di proteine 811 mg di sodio

Prosciutto - Insalata - Panino con pomodoro e avocado

Tempo di preparazione: 10 minuti
Tempo di cottura: 10 minuti
Porzioni: 4
Difficoltà: Facile

Ingredienti:

- Prosciutto (2 once/8 fette sottili)
- Avocado maturo (1 tagliato a metà)
- lattuga romana (4 foglie intere)
- pomodori grandi maturi (1)
- Fette di pane integrale o integrale (8)
- Pepe nero e sale kosher (0,25 cucchiaini)

Itinerario:

Strappare le foglie di lattuga in otto pezzi (in totale). Tagliare i pomodori in otto cerchi. Tostare il pane e adagiarlo su un piatto.

Raschiare la polpa della buccia dell'avocado e metterlo in una ciotola. Cospargere leggermente di sale e pepe. Sbattere o schiacciare con attenzione l'avocado fino a renderlo cremoso. Spalmatelo sul pane.

Fare un panino. Prendi una fetta di toast con avocado; coprire con una foglia di lattuga, una fetta di prosciutto e una fetta di pomodoro. Mettete sopra un'altra fetta di pomodoro da insalata e continuate.

Ripetere il procedimento fino ad esaurimento di tutti gli ingredienti.

Nutrienti (per 100g): 240 calorie 9 g di grassi 8 g di carboidrati 12 g di proteine 811 mg di sodio

Torta di spinaci

Tempo di preparazione: 10 minuti
Tempo di cottura: 60 minuti
Porzioni: 6
Difficoltà: media

Ingredienti:

- burro fuso (0,5 tazza)
- Spinaci surgelati (10 once pz.)
- Prezzemolo fresco (0,5 tazza)
- Cipolla verde (0,5 tazza)
- Aneto fresco (0,5 tazza)
- Formaggio feta sbriciolato (0,5 tazza)
- crema di formaggio (4 once)
- Ricotta (4 once)
- Parmigiano (2 cucchiai grattugiato)
- uova grandi (2)
- Sale e pepe a piacere)
- Pasta Filo (40 sfoglie)

Itinerario:

Preriscaldare il forno a 350 ° Fahrenheit.

Tritare la cipolla, l'aneto e il prezzemolo a pezzetti. Scongelare gli spinaci e le sfoglie di pasta. Strizzate e asciugate gli spinaci.

Mescolare gli spinaci, lo scalogno, le uova, il formaggio, il prezzemolo, l'aneto, il pepe e il sale in un frullatore fino ad ottenere una crema.

Preparate dei piccoli triangoli di fillo riempiendoli con un cucchiaino del composto di spinaci.

Imburrare leggermente l'esterno dei triangoli e posizionarli con la cucitura rivolta verso il basso su una teglia non unta.

Mettere nel forno preriscaldato e cuocere fino a quando saranno dorati e gonfi (20-25 minuti). Servire caldo.

Nutrienti (per 100g): 555 calorie 21,3 g di grassi 15 g di carboidrati 18,1 g di proteine 681 mg di sodio

Hamburger di pollo grasso

Tempo di preparazione: 10 minuti
Tempo di cottura: 30 minuti
Porzioni: 6
Difficoltà: media

Ingredienti:

- ¼ di tazza di maionese a basso contenuto di grassi
- ¼ tazza di cetriolo tritato
- ¼ cucchiaino di pepe nero
- 1 cucchiaino di aglio in polvere
- ½ tazza di peperone rosso dolce arrostito tritato
- ½ cucchiaino di condimento greco
- 1,5 libbre di pollo macinato magro
- 1 tazza di formaggio feta sbriciolato
- 6 panini per hamburger integrali

Itinerario:

Preriscaldare la griglia nel forno. Mescolare maionese e cetriolo. Mettilo da parte.

Per gli hamburger, mescolare le spezie e il peperoncino. Mescolare bene il pollo e il formaggio. Formare con il composto delle polpette spesse 6 pollici e mezzo.

Cuocere l'hamburger sulla griglia, posizionandolo a circa dieci centimetri dalla fonte di calore. Cuocere fino a quando un termometro registra 165 gradi Fahrenheit.

Servire con panini e salsa di cetrioli. Guarnire con pomodorini e lattuga a piacere e servire.

Nutrienti (per 100g): 356 calorie 14 g di grassi 10 g di carboidrati 31 g di proteine 691 mg di sodio

Per tacos di maiale arrosto

Tempo di preparazione: 10 minuti
Tempo di cottura: 1 ora e 15 minuti
Porzioni: 6
Difficoltà: media

Ingredienti:

- Arrosto di maiale (£ 4)
- Peperoncini verdi a dadini (lattina da 2-4 once)
- Peperoncino in polvere (0,25 tazza)
- origano secco (1 cucchiaino)
- Condimento per tacos (1 cucchiaino)
- Aglio (2 cucchiaini)
- Sale (1,5 cucchiaini o a piacere)

Itinerario:

Impostare il forno a 300 gradi Fahrenheit.

Disporre l'arrosto sopra un grande foglio di carta stagnola.

Scolare il peperoncino. Tritare finemente l'aglio.

Mescolare insieme il peperoncino verde, il condimento per tacos, il peperoncino in polvere, l'origano e l'aglio. Strofinare il composto sull'arrosto e coprire con uno strato di carta stagnola.

Posizionare la carne di maiale avvolta sopra una teglia su una teglia per sigillare.

Cuocere nel forno caldo per 3,5-4 ore finché non si sfalda. Cuocere fino a quando il centro raggiunge almeno 145 gradi Fahrenheit se testato con un termometro per carne (temperatura interna).

Trasferite l'arrosto su un tagliere per sminuzzarlo con due forchette. Condire a piacere.

Nutrienti (per 100g): 290 calorie 17,6 g di grassi 12 g di carboidrati 25,3 g di proteine 471 mg di sodio

Torta italiana di mele e olio d'oliva

Tempo di preparazione: 10 minuti
Tempo di cottura: 1 ora e 10 minuti
Porzioni: 12
Difficoltà: media

Ingredienti:

- Mele Gala (2 grandi)
- Succo d'arancia - per ammollare le mele
- Farina 00 (3 tazze)
- Cannella in polvere (0,5 cucchiaini)
- Noce moscata (0,5 cucchiaino)
- lievito in polvere (1 cucchiaino)
- bicarbonato di sodio (1 cucchiaino)
- zucchero (1 tazza)
- olio d'oliva (1 tazza)
- uova grandi (2)
- Uvetta dorata (0,66 tazza)
- Zucchero a velo - per spolverare
- Serve anche: padella da 9 pollici

Itinerario:

Sbucciare la mela e tritarla finemente. Irrorare le mele con succo d'arancia quanto basta per evitare che anneriscano.

Mettere a bagno l'uvetta in acqua tiepida per 15 minuti, quindi scolarla bene.

Setacciare il bicarbonato, la farina, il lievito, la cannella e la noce moscata. Mettilo da parte per ora.

Versare l'olio d'oliva e lo zucchero nella ciotola di un frullatore a immersione. Mescolare a bassa velocità per 2 minuti o fino a quando non sarà ben combinato.

Mescolare durante la guida, rompere le uova una ad una e continuare a mescolare per 2 minuti. Il volume della miscela dovrebbe aumentare; dovrebbe essere denso, non liquido.

Mescolare bene tutti gli ingredienti. Formate una fontana al centro del composto di farina e aggiungete il composto di olive e zucchero.

Eliminare l'eventuale succo in eccesso dalle mele e scolare l'uvetta ammollata. Aggiungere all'impasto, mescolare bene.

Preparare la teglia con carta da forno. Disporre l'impasto sulla teglia e appiattirlo con il dorso di un cucchiaio di legno.

Cuocere per 45 minuti a 350 gradi Fahrenheit.

Una volta pronta, togliete la torta dalla carta da forno e mettetela in una ciotola. Cospargere con lo zucchero a velo. Decorare la parte superiore con miele scuro caldo.

Nutrienti (per 100g): 294 calorie 11 g di grassi 9 g di carboidrati 5,3 g di proteine 691 mg di sodio

Tilapia veloce con cipolla rossa e avocado

Tempo di preparazione: 10 minuti
Tempo di cottura: 5 minuti
Porzioni: 4
Difficoltà: media

Ingredienti:

- 1 cucchiaio di olio extra vergine di oliva
- 1 cucchiaio di succo d'arancia appena spremuto
- ¼ di cucchiaino di sale kosher o marino
- 4 filetti di tilapia (4 once), oblunghi anziché quadrati, con la pelle o con la pelle
- ¼ tazza di cipolla rossa tritata
- 1 avocado

Itinerario:

Unisci olio, succo d'arancia e sale in una tortiera di vetro da 9 pollici. Lavorando i filetti uno alla volta, disponeteli ciascuno nella tortiera e ungete tutti i lati. Diamo ai filetti la forma di una ruota di carro. Disporre ogni filetto con 1 cucchiaio di cipolla, quindi piegare a metà l'estremità del filetto che sporge dal bordo sopra la cipolla. Al termine dovreste avere 4 filetti piegati con la piega rivolta verso il bordo esterno della pirofila e l'estremità al centro.

Avvolgete la pentola nella plastica, lasciando una piccola parte aperta sul bordo per consentire la fuoriuscita del vapore. Cuocere a fuoco alto per circa 3 minuti nel microonde. Una volta cotta, dovrebbe rompersi in scaglie (pezzetti) premendolo delicatamente con una forchetta. Guarnire i filetti con l'avocado e servire.

Nutrienti (per 100g): 200 calorie 3 g di grassi 4 g di carboidrati 22 g di proteine 811 mg di sodio

Pesce alla griglia al limone

Tempo di preparazione: 10 minuti

Tempo di cottura: 10 minuti

Porzioni: 4

Difficoltà: Difficile

Ingredienti:

- 4 filetti di pesce (4 once).
- Spray da cucina antiaderente
- 3-4 limoni medi
- 1 cucchiaio di olio extra vergine di oliva
- ¼ di cucchiaino di pepe nero appena macinato
- ¼ di cucchiaino di sale kosher o marino

Itinerario:

Asciugare i filetti con carta assorbente e lasciarli a temperatura ambiente per 10 minuti. Nel frattempo, ricopri una griglia fredda con spray antiaderente e preriscalda la griglia a 400 ° F o medio-alta.

Tagliare un limone a metà e metterlo da parte. Tagliare la metà rimanente del limone e il limone rimasto a fette spesse ¼ di pollice. (Dovrebbero esserci circa 12-16 fette di limone.) In una piccola ciotola, spremi 1 cucchiaio di succo di mezzo limone.

Aggiungete nella ciotola l'olio e il succo di limone e mescolate bene. Spennellare entrambi i lati del pesce con la miscela di olio e cospargere uniformemente con pepe e sale.

Disporre con cura le fette di limone sulla griglia (o sulla bistecchiera), unire 3-4 fette a forma di filetto di pesce e ripetere l'operazione con le altre fette. Disporre i filetti di pesce direttamente sopra le fette di limone e grigliarli con il coperchio chiuso. (Se si griglia sul fornello, coprire con un coperchio grande o un foglio di alluminio.) Girare il pesce a metà del tempo di cottura solo se i filetti sono spessi più di mezzo pollice. Succede quando si sfalda quando viene pressato delicatamente con la forchetta.

Nutrienti (per 100g): 147 calorie 5 g di grassi 1 g di carboidrati 22 g di proteine 917 mg di sodio

Cena a base di pesce a Ukenatslaken

Tempo di preparazione: 10 minuti

Tempo di cottura: 10 minuti

Porzioni: 4

Difficoltà: media

Ingredienti:

- Spray da cucina antiaderente
- 2 cucchiai di olio extra vergine di oliva
- 1 cucchiaio di aceto balsamico
- 4 filetti di pesce (4 once) (½ pollice di spessore)
- 2½ tazze di fagiolini
- 1 litro di cocktail o pomodorini

Itinerario:

Preriscaldare il forno a 400 ° F. Rivestire due teglie grandi e quadrate con spray antiaderente. Mescolare l'olio e l'aceto in una piccola ciotola. Mettilo da parte. Disporre su ogni teglia due pezzi di pesce.

Unisci i fagioli e i pomodori in una ciotola capiente. Aggiungere l'olio e l'aceto e mescolare delicatamente per ricoprire. Versare metà del composto di fagiolini su una padella di pesce e l'altra metà sull'altra. Capovolgi il pesce e strofinalo con la miscela di olio per ricoprirlo. Disporre le verdure in modo uniforme sulla teglia in modo che l'aria calda possa circolare attorno ad esse.

Cuocere fino a quando il pesce sarà opaco. Sarà pronto quando, infilzandolo delicatamente con una forchetta, comincerà a sfaldarsi.

Nutrienti (per 100g): 193 calorie 8 g di grassi 3 g di carboidrati 23 g di proteine 811 mg di sodio

Bastoncini di polenta croccanti

Tempo di preparazione: 10 minuti
Tempo di cottura: 15 minuti
Porzioni: 4
Difficoltà: Difficile

Ingredienti:

- 2 uova grandi, leggermente sbattute
- 1 cucchiaio di latte al 2%.
- Filett di pesce con la pelle da 1 libbra, tagliati in 20 strisce (larghe 1 pollice).
- ½ tazza di farina di mais gialla
- ½ tazza di pangrattato panko integrale
- ¼ cucchiaino di paprika affumicata
- ¼ di cucchiaino di sale kosher o marino
- ¼ di cucchiaino di pepe nero appena macinato
- Spray da cucina antiaderente

Itinerario:

Metti una teglia grande e cerchiata nel forno. Preriscaldare il forno a 400°F con la pirofila all'interno. Mescolare le uova e il latte in una ciotola capiente. Aggiungi le strisce di pesce al composto di uova con una forchetta e mescola delicatamente per ricoprirle.

Metti la farina di mais, il pangrattato, la paprika affumicata, il sale e il pepe in un sacchetto di plastica con chiusura a zip. Usando una forchetta o una pinza, trasferisci il pesce nel sacchetto e lascia scolare l'acqua in eccesso dell'uovo nella ciotola prima di trasferirlo. Sigilla bene e agita delicatamente per rivestire completamente ciascuna canna da pesce.

Utilizzando guanti da forno, togliere con attenzione la padella calda dal forno e spruzzare con spray antiaderente. Usando una forchetta o una pinza, togli i bastoncini di pesce dal sacchetto e posizionali sulla griglia calda per consentire all'aria calda di circolare e renderli croccanti. Cuocere per 5-8 minuti finché il pesce non sarà leggermente forato con una forchetta e servire.

Nutrienti (per 100g): 256 calorie 6 g di grassi 2 g di carboidrati 29 g di proteine 667 mg di sodio

Cena a base di salmone in casseruola

Tempo di preparazione: 15 minuti

Tempo di cottura: 15 minuti

Porzioni: 4

Difficoltà: media

Ingredienti:

- 1 cucchiaio di olio extra vergine di oliva
- 2 spicchi d'aglio, tritati finemente
- 1 cucchiaino di paprika affumicata
- 1 litro di uva o pomodorini, tagliati in quarti
- 1 barattolo (12 once) di peperoni rossi arrostiti
- 1 cucchiaio di acqua
- ¼ di cucchiaino di pepe nero appena macinato
- ¼ di cucchiaino di sale kosher o marino
- 1 chilo di filetto di salmone, privato della pelle, tagliato in 8 pezzi
- 1 cucchiaio di succo di limone appena spremuto (da mezzo limone medio)

Itinerario:

Scaldare l'olio in una padella a fuoco medio. Aggiungere l'aglio e la paprika affumicata e cuocere per 1 minuto, mescolando spesso. Aggiungere i pomodori, i peperoni arrostiti, l'acqua, il pepe nero e il sale. Regolare la fiamma a una temperatura medio-alta, portare a ebollizione e cuocere per 3 minuti, spezzettando i pomodori fino alla fine del tempo di cottura.

Disporre il salmone nella pirofila e versarvi sopra la salsa. Coprire e cuocere per 10-12 minuti (usando un termometro per carne a 145°F) finché non inizia a sfaldarsi.

Togliere la pentola dal fuoco e cospargere il pesce con il succo di limone. Mescolare la salsa, quindi tagliare a pezzetti il salmone. Servi.

Nutrienti (per 100g): 289 calorie 13 g di grassi 2 g di carboidrati 31 g di proteine 581 mg di sodio

Hamburger toscani di tonno e zucchine

Tempo di preparazione: 10 minuti

Tempo di cottura: 30 minuti

Porzioni: 4

Difficoltà: media

Ingredienti:

- 3 fette di pane integrale, tostato
- 2 scatolette di tonno all'olio d'oliva (5 once).
- 1 tazza di zucchine grattugiate
- 1 uovo grande, leggermente sbattuto
- ¼ di tazza di peperone rosso tagliato a dadini
- 1 cucchiaio di origano secco
- 1 cucchiaino di scorza di limone
- ¼ di cucchiaino di pepe nero appena macinato
- ¼ di cucchiaino di sale kosher o marino
- 1 cucchiaio di olio extra vergine di oliva
- Insalata verde o 4 panini integrali, per servire (facoltativo)

Itinerario:

Sbriciolare il toast nel pangrattato con le dita (o tagliarlo a cubetti da ¼ di pollice con un coltello) fino ad ottenere 1 tazza di briciole. Versare le briciole in una ciotola capiente. Aggiungere il tonno, le zucchine, l'uovo, la paprika, l'origano, la scorza di limone, il pepe nero e il sale. Mescolare bene con una forchetta. Dividere il composto in quattro focaccine (da ½ tazza). Disporre su un piatto e premere ciascuna polpetta fino a ottenere uno spessore di circa ¾ di pollice.

Scaldare l'olio in una padella a fuoco medio-alto. Aggiungere le polpette all'olio caldo, quindi ridurre il fuoco a medio. Friggere gli scones per 5 minuti, girarli con una spatola e friggerli per altri 5 minuti. Gustatelo così com'è o servitelo su un'insalata verde o su un panino integrale.

Nutrienti (per 100g): 191 calorie 10 g di grassi 2 g di carboidrati 15 g di proteine 661 mg di sodio

Piatto di cavolo riccio e tonno siciliano

Tempo di preparazione: 15 minuti

Tempo di cottura: 15 minuti

Porzioni: 6

Difficoltà: media

Ingredienti:

- 1 chilo di cavolo riccio
- 3 cucchiai di olio extra vergine di oliva
- 1 tazza di cipolla tritata
- 3 spicchi d'aglio, tritati finemente
- 1 lattina (2,25 once) di olive a fette, sgocciolate
- ¼ di tazza di capperi
- ¼ cucchiaino di peperoncino
- 2 cucchiaini di zucchero
- 2 scatolette (6 once) di tonno all'olio d'oliva
- 1 lattina di fagioli cannellini (15 once).
- ¼ cucchiaino di pepe nero macinato
- ¼ di cucchiaino di sale kosher o marino

Itinerario:

Far bollire tre quarti dell'acqua in una pentola. Mescolare il cavolo riccio e cuocere per 2 minuti. Filtrare il cavolo riccio con un colino e mettere da parte.

Riporta la pentola vuota sul fuoco a fuoco medio e aggiungi l'olio. Unire la cipolla e cuocere per 4 minuti, mescolando continuamente. Aggiungere l'aglio e cuocere per 1 minuto. Aggiungere le olive, i capperi e il peperoncino tritato e cuocere per 1 minuto. Infine aggiungere il cavolo riccio parzialmente cotto e lo zucchero, mescolare fino a quando il cavolo riccio sarà completamente ricoperto d'olio. Chiudete la pentola e fate cuocere per 8 minuti.

Togliere il cavolo dal fuoco, aggiungere il tonno, i fagioli, il pepe, il sale e servire.

Nutrienti (per 100g): 265 calorie 12 g di grassi 7 g di carboidrati 16 g di proteine 715 mg di sodio

Stufato di merluzzo mediterraneo

Tempo di preparazione: 10 minuti

Tempo di cottura: 20 minuti

Porzioni: 6

Difficoltà: media

Ingredienti:

- 2 cucchiai di olio extra vergine di oliva
- 2 tazze di cipolla tritata
- 2 spicchi d'aglio, tritati finemente
- ¾ cucchiaino di paprika affumicata
- 1 lattina (14,5 once) di pomodori a cubetti, scolati
- 1 barattolo (12 once) di peperoni rossi arrostiti
- 1 tazza di olive a fette, verdi o nere
- 1/3 di bicchiere di vino rosso secco
- ¼ di cucchiaino di pepe nero appena macinato
- ¼ di cucchiaino di sale kosher o marino
- Filetti di merluzzo da 1½ libbre, tagliati a pezzi da 1 pollice
- 3 tazze di funghi a fette

Itinerario:

Far bollire l'olio in una pentola. Aggiungere la cipolla e cuocere per 4 minuti, mescolando di tanto in tanto. Aggiungere l'aglio e la paprika affumicata e cuocere per 1 minuto, mescolando spesso.

Mescolare i pomodori con il loro succo, i peperoni arrostiti, le olive, il vino, il pepe e il sale e abbassare la fiamma a una temperatura media. Facciamolo bollire. Aggiungere il merluzzo e i funghi e ridurre il fuoco a medio.

Cuocere per circa 10 minuti, mescolando di tanto in tanto, finché il baccalà sarà tenero e si sfalderà facilmente, quindi servire.

Nutrienti (per 100g): 220 calorie 8 g di grassi 3 g di carboidrati 28 g di proteine 583 mg di sodio

Cozze al vapore in salsa al vino bianco

Tempo di preparazione: 5 minuti

Tempo di cottura: 10 minuti

Porzioni: 4

Difficoltà: Difficile

Ingredienti:

- 2 chili di vongole piccole
- 1 cucchiaio di olio extra vergine di oliva
- 1 tazza di cipolla rossa affettata sottilmente
- 3 spicchi d'aglio, affettati
- 1 bicchiere di vino bianco secco
- 2 fette di limone (¼ di pollice di spessore).
- ¼ di cucchiaino di pepe nero appena macinato
- ¼ di cucchiaino di sale kosher o marino
- Fette di limone fresco, per servire (facoltativo)

Itinerario:

Fai scorrere l'acqua fredda sulle vongole in un grande scolapasta nel lavandino (ma non lasciare che le vongole rimangano nell'acqua stagnante). Tutti i gusci devono essere ben chiusi; scartare i gusci leggermente aperti o incrinati. Lasciare le vongole nello scolapasta fino al momento dell'uso.

Scaldare l'olio in una padella larga. Aggiungere la cipolla e cuocere per 4 minuti, mescolando di tanto in tanto. Aggiungere l'aglio e cuocere per 1 minuto, mescolando continuamente. Aggiungete il vino, le fette di limone, il pepe e il sale, quindi lasciate cuocere a fuoco lento. Cuocere per 2 minuti.

Aggiungete le vongole e coprite. Cuocere finché le cozze non aprono il guscio. Agitare delicatamente la padella due o tre volte durante la cottura.

Tutte le shell dovrebbero ora essere aperte. Usa una schiumarola ed elimina i gusci ancora chiusi. Mettete le cozze aperte in una ciotola poco profonda e versateci sopra il brodo. Servire con fette di limone extra fresche, se lo si desidera.

Nutrienti (per 100g): 222 calorie 7 g di grassi 1 g di carboidrati 18 g di proteine 708 mg di sodio

Gamberi all'arancia e all'aglio

Tempo di preparazione: 20 minuti
Tempo di cottura: 10 minuti
Porzioni: 6
Difficoltà: Difficile

Ingredienti:

- 1 arancia grande
- 3 cucchiai di olio extra vergine di oliva, divisi
- 1 cucchiaio di rosmarino fresco tritato
- 1 cucchiaio di timo fresco tritato
- 3 spicchi d'aglio tritati (circa 1 cucchiaino e mezzo)
- ¼ di cucchiaino di pepe nero appena macinato
- ¼ di cucchiaino di sale kosher o marino
- 1½ libbre di gamberetti crudi freschi, conchiglie e code rimosse

Itinerario:

Sbucciare l'arancia intera con una grattugia per agrumi. Mescolare la scorza d'arancia e 2 cucchiai di olio con il rosmarino, il timo, l'aglio, il pepe e il sale. Incorporare i gamberetti, sigillare il sacchetto e massaggiare delicatamente i gamberetti finché tutti gli ingredienti non si saranno amalgamati e i gamberetti saranno completamente ricoperti di spezie. Mettilo da parte.

Scalda una griglia, una padella o una padella grande a fuoco medio. Spennellare o agitare nel restante 1 cucchiaio di olio. Aggiungere metà dei gamberetti e cuocere per 4-6 minuti, o fino a quando i gamberetti diventano rosa e bianchi, girandoli a metà cottura se grigliati o mescolando ogni minuto se fritti in padella. Trasferisci i gamberi in una ciotola capiente. Ripeti l'operazione e mettili nella ciotola.

Mentre i gamberetti cuociono, sbucciate l'arancia e tagliate la carne a pezzetti. Mettetelo nella ciotola e mescolatelo con i gamberi cotti. Servire subito oppure raffreddare e servire freddo.

Nutrienti (per 100g): 190 calorie 8 g di grassi 1 g di carboidrati 24 g di proteine 647 mg di sodio

Gnocchi di gamberi fritti al forno

Tempo di preparazione: 10 minuti
Tempo di cottura: 20 minuti
Porzioni: 4
Difficoltà: media

Ingredienti:

- 1 tazza di pomodori freschi tritati
- 2 cucchiai di olio extra vergine di oliva
- 2 spicchi d'aglio, tritati finemente
- ½ cucchiaino di pepe nero appena macinato
- ¼ cucchiaino di pepe rosso tritato
- 1 barattolo (12 once) di peperoni rossi arrostiti
- 1 libbra di gamberi crudi freschi, conchiglie e code rimosse
- 1 libbra di gnocchi surgelati (non scongelati)
- ½ tazza di formaggio feta a dadini
- 1/3 di tazza di foglie di basilico fresco strappate

Itinerario:

Preriscaldare il forno a 425 ° F. Mescolare in un contenitore ignifugo i pomodori, l'olio, l'aglio, il pepe nero e il peperoncino tritato. Cuocere in forno per 10 minuti.

Unire i peperoni fritti e i gamberetti. Cuocere per altri 10 minuti fino a quando i gamberi saranno rosa e bianchi.

Mentre i gamberetti cuociono, cuocete gli gnocchi sul fuoco secondo le indicazioni sulla confezione. Versare in uno scolapasta e tenere in caldo. Togliere la teglia dal forno. Incorporate gli gnocchi cotti, la feta e il basilico e servite.

Nutrienti (per 100g): 277 calorie 7 g di grassi 1 g di carboidrati 20 g di proteine 711 mg di sodio

Puttanesca Di Gamberi Piccanti

Tempo di preparazione: 5 minuti

Tempo di cottura: 15 minuti

Porzioni: 4

Difficoltà: media

Ingredienti:

- 2 cucchiai di olio extra vergine di oliva
- 3 filetti di acciughe, scolati e tritati
- 3 spicchi d'aglio, tritati finemente
- ½ cucchiaino di pepe rosso macinato
- 1 pomodoro a dadini a basso contenuto di sodio o senza sale
- 1 lattina (2,25 once) di olive nere
- 2 cucchiai di capperi
- 1 cucchiaio di origano fresco tritato
- 1 libbra di gamberi crudi freschi, conchiglie e code rimosse

Itinerario:

Far bollire l'olio a fuoco medio. Mescolare le acciughe, l'aglio e il peperoncino tritato. Cuocere per 3 minuti, mescolando spesso, quindi schiacciare le acciughe con un cucchiaio di legno finché non si saranno sciolte nell'olio.

Mescolare i pomodori con il succo, le olive, i capperi e l'origano. Aumentare il fuoco a medio e portare a ebollizione.

Quando la salsa bolle, aggiungete i gamberi. Ridurre il fuoco a medio e cuocere i gamberi fino a quando diventano rosa e sbollentati, quindi servire.

Nutrienti (per 100g): 214 calorie 10 g di grassi 2 g di carboidrati 26 g di proteine 591 mg di sodio

Panini al tonno italiani

Tempo di preparazione: 10 minuti
Tempo di cottura: 0 minuti
Porzioni: 4
Difficoltà: Facile

Ingredienti:

- 3 cucchiai di succo di limone appena spremuto
- 2 cucchiai di olio extra vergine di oliva
- 1 spicchio d'aglio, tritato finemente
- ½ cucchiaino di pepe nero appena macinato
- 2 lattine di tonno (5 once), sgocciolate
- 1 lattina di olive a fette
- ½ tazza di finocchio fresco tritato, comprese le foglie
- 8 fette di pane grosso con cereali grossi

Itinerario:

Mescolare il succo di limone, l'olio, l'aglio e il pepe. Aggiungere il tonno, le olive e il finocchio. Spezzettate il tonno con una forchetta e mescolate tutti gli ingredienti.

Dividete equamente l'insalata di tonno tra 4 fette di pane. Distribuire la parte superiore di ciascuno con le fette di pane rimanenti. Lasciare riposare i panini per almeno 5 minuti per consentire al ripieno di assorbire il pane prima di servire.

Nutrienti (per 100g): 347 calorie 17 g di grassi 5 g di carboidrati 25 g di proteine 447 mg di sodio

Involtino di insalata di salmone e aneto

Tempo di preparazione: 10 minuti
Tempo di cottura: 10 minuti
Porzioni: 6
Difficoltà: Facile

Ingredienti:

- 1 chilo di filetto di salmone cotto e in scaglie
- ½ tazza di carote a dadini
- ½ tazza di secano a dadini
- 3 cucchiai di aneto fresco tritato
- 3 cucchiai di cipolla rossa a dadini
- 2 cucchiai di capperi
- 1 cucchiaio e mezzo di olio extra vergine di oliva
- 1 cucchiaio di aceto balsamico invecchiato
- ½ cucchiaino di pepe nero appena macinato
- ¼ di cucchiaino di sale kosher o marino
- 4 piadine di focaccia integrale o morb de tortillas integrali

Itinerario:

Mescolare il salmone, le carote, il sedano, l'aneto, la cipolla rossa, i capperi, l'olio, l'aceto, il pepe e il sale. Dividere l'insalata di salmone tra le focacce. Attorcigliare il fondo della focaccia, quindi arrotolare la pellicola e servire.

Nutrienti (per 100g): 336 calorie 16 g di grassi 5 g di carboidrati 32 g di proteine 884 mg di sodio

Torta di pizza alle vongole bianche

Tempo di preparazione: 10 minuti
Tempo di cottura: 20 minuti
Porzioni: 4
Difficoltà: Difficile

Ingredienti:

- 1 chilo di pasta fresca per pizza refrigerata
- Spray da cucina antiaderente
- 2 cucchiai di olio extra vergine di oliva, divisi
- 2 spicchi d'aglio, tritati (ca. 1 cucchiaino)
- ½ cucchiaino di pepe rosso macinato
- 1 lattina (10 once) di vongole intere, scolate
- ¼ di bicchiere di vino bianco secco
- Farina universale, per spolverare
- 1 tazza di mozzarella a dadini
- 1 cucchiaio di pecorino romano o parmigiano grattugiato
- 1 cucchiaio di prezzemolo fresco a foglia piatta (italiano) tritato

Itinerario:

Preriscaldare il forno a 500 ° F. Rivestire i bordi di una grande teglia con spray antiaderente.

Scaldare 1 cucchiaio e mezzo di olio in una padella larga. Aggiungere l'aglio e il peperoncino tritato e cuocere per 1 minuto, mescolando spesso per evitare che l'aglio bruci. Aggiungere il succo di vongole e il vino riservati. Portare a ebollizione a fuoco alto. Ridurre il fuoco a medio in modo che la salsa sobbolla e cuocere, mescolando di tanto in tanto, per 10 minuti. La salsa bollirà e si addenserà.

Disporre le vongole e cuocere per 3 minuti, mescolando di tanto in tanto. Mentre la salsa cuoce, su una superficie leggermente infarinata, utilizzando un mattarello o stendendola a mano, modellare l'impasto della pizza in un cerchio da 12 pollici o un rettangolo da 10 x 12 pollici. Disporre l'impasto sulla teglia preparata. Spennellare l'impasto con il restante ½ cucchiaio di olio. Tenete da parte finché il sugo di vongole non sarà pronto.

Distribuire la salsa di vongole sull'impasto preparato fino a circa ½ pollice dal bordo. Cospargere con mozzarella, quindi cospargere con pecorino romano.

Cuocere per 10 minuti. Sfornate la pizza e posizionatela su un tagliere di legno. Cospargete la superficie con il prezzemolo, tagliatelo in otto parti con un tagliapizza o un coltello affilato e servite.

Nutrienti (per 100g): 541 calorie 21 g di grassi 1 g di carboidrati 32 g di proteine 688 mg di sodio

Farina di pesce con fagioli al forno

Tempo di preparazione: 10 minuti

Tempo di cottura: 10 minuti

Porzioni: 4

Difficoltà: Facile

Ingredienti:

- 1 cucchiaio di aceto balsamico
- 2 1/2 tazze di fagiolini
- 1 litro di cocktail o pomodorini
- 4 filetti di pesce (4 once ciascuno), come merluzzo o tilapia
- 2 cucchiai di olio d'oliva

Itinerario:

Preriscaldare il forno a 400 gradi. Ungere due teglie con un filo d'olio d'oliva o olio spray. Disporre 2 filetti di pesce su ogni foglio. Versare l'olio d'oliva e l'aceto in una ciotola. Mescolare per amalgamare bene.

Mescolare i fagiolini e i pomodori. Mescolare per amalgamare bene. Amalgamare bene i due composti. Versare uniformemente il composto sui filetti di pesce. Cuocere per 6-8 minuti fino a quando il pesce sarà opaco e si sfalderà facilmente. Servire caldo.

Nutrienti (per 100g): 229 calorie 13 g di grassi 8 g di carboidrati 2,5 g di proteine 559 mg di sodio

Merluzzo con funghi arrosto

Tempo di preparazione: 10 minuti
Tempo di cottura: 20 minuti
Porzioni: 6
Difficoltà: Facile

Ingredienti:

- 2 cucchiai di olio extra vergine di oliva
- 2 spicchi d'aglio, tritati finemente
- 1 lattina di pomodori
- 2 tazze di cipolla tritata
- ¾ cucchiaino di paprika affumicata
- un barattolo (12 once) di peperoni rossi arrostiti
- 1/3 di bicchiere di vino rosso secco
- ¼ di cucchiaino di sale kosher o marino
- ¼ cucchiaino di pepe nero
- 1 tazza di olive nere
- Filetti di merluzzo da 1 ½ libbra, tagliati a pezzi da 1 pollice
- 3 tazze di funghi a fette

Itinerario:

Prendi una padella di medie dimensioni, scalda l'olio a fuoco medio. Aggiungere la cipolla e cuocere per 4 minuti. Aggiungere l'aglio e la paprika affumicata; Cuocere per 1 minuto, mescolando spesso. Aggiungere i pomodori con il succo, i peperoni arrostiti, le olive, il vino, il pepe e il sale; mescolare delicatamente. Portare la miscela a ebollizione. Aggiungere il merluzzo e i funghi; ridurre il calore a medio. Sigillare e mescolare fino a quando il baccalà si scioglie facilmente. Servire caldo.

Nutrienti (per 100g): 238 calorie 7 g di grassi 15 g di carboidrati 3,5 g di proteine 772 mg di sodio

Pesce spada piccante

Tempo di preparazione: 10 minuti
Tempo di cottura: 15 minuti
Porzioni: 4
Difficoltà: media

Ingredienti:

- 4 bistecche di pesce spada (7 once ciascuna).
- 1/2 cucchiaino di pepe nero macinato
- 12 spicchi d'aglio, sbucciati
- 3/4 cucchiaino di sale
- 1 1/2 cucchiaini di cumino macinato
- 1 cucchiaino di paprica
- 1 cucchiaino di coriandolo
- 3 cucchiai di succo di limone
- 1/3 di tazza di olio d'oliva

Itinerario:

Prendete un frullatore o un robot da cucina, aprite il coperchio e aggiungete tutti gli ingredienti tranne il pesce spada. Chiudere il coperchio e mescolare fino a ottenere un composto omogeneo. Filetti di pesce essiccati; coprire uniformemente con la miscela di spezie preparata.

Disporre su un foglio di alluminio, coprire e conservare in frigorifero per 1 ora. Preriscaldare una padella a fuoco alto, versarvi sopra l'olio e scaldarla. Aggiungi i filetti di pesce; friggere entrambi i lati per 5-6 minuti fino a quando diventano morbidi e dorati in modo uniforme. Servire caldo.

Nutrienti (per 100g): 255 calorie 12 g di grassi 4 g di carboidrati 0,5 g di proteine 990 mg di sodio

Mania della pasta alle acciughe

Tempo di preparazione: 10 minuti
Tempo di cottura: 20 minuti
Porzioni: 4
Difficoltà: Facile

Ingredienti:

- 4 filetti di acciughe, avvolti in olio d'oliva
- ½ libbra di broccoli, tagliati in cimette da 1 pollice
- 2 spicchi d'aglio, affettati
- Penne integrali da 1 libbra
- 2 cucchiai di olio d'oliva
- ¼ tazza di parmigiano grattugiato
- Sale e pepe nero, a piacere
- Fiocchi di peperoncino, a piacere

Itinerario:

Cuocere la pasta secondo le indicazioni sulla confezione; scolare e mettere da parte. Prendi una pentola o padella media, aggiungi l'olio. Scaldare a fuoco medio. Aggiungere le acciughe, i broccoli e l'aglio e cuocere fino a quando le verdure saranno tenere, da 4 a 5 minuti. Togliere dal fuoco; incorporare l'impasto. Servire caldo con parmigiano, scaglie di peperoncino, sale e pepe nero spolverato sopra.

Nutrienti (per 100g): 328 calorie 8 g di grassi 35 g di carboidrati 7 g di proteine 834 mg di sodio

Pasta con gamberi e aglio

Tempo di preparazione: 10 minuti
Tempo di cottura: 15 minuti
Porzioni: 4
Difficoltà: Facile

Ingredienti:

- 1 chilo di gamberi, sgusciati e privati dei bordi
- 3 spicchi d'aglio, tritati finemente
- 1 cipolla, tritata finemente
- 1 confezione di pasta integrale o di fagioli a piacere
- 4 cucchiai di olio d'oliva
- Sale e pepe nero, a piacere
- ¼ di tazza di basilico, tagliato a strisce
- ¾ tazza di brodo di pollo a basso contenuto di sodio

Itinerario:

Cuocere la pasta secondo le indicazioni sulla confezione; sciacquare e mettere da parte. Prendi una padella media, aggiungi l'olio e scalda a fuoco medio. Aggiungere la cipolla e l'aglio e mescolare finché non diventano traslucidi e fragranti, 3 minuti.

Aggiungere gamberetti, pepe nero (macinato) e sale; cuocere, mescolando, per 3 minuti, fino a quando i gamberetti diventano opachi. Aggiungere il brodo e cuocere a fuoco lento per altri 2-3 minuti. Metti l'impasto nel piatto da portata; guarnire con il composto di gamberetti; servire caldo con basilico sopra.

Nutrienti (per 100g): 605 calorie 17 g di grassi 53 g di carboidrati 19 g di proteine 723 mg di sodio

Salmone all'aceto e miele

Tempo di preparazione: 10 minuti

Tempo di cottura: 5 minuti

Porzioni: 4

Difficoltà: Facile

Ingredienti:

- 4 filetti di salmone (8 once).
- 1/2 tazza di aceto balsamico
- 1 cucchiaio di miele
- Pepe nero e sale, a piacere
- 1 cucchiaio di olio d'oliva

Itinerario:

Mescolare il miele e l'aceto. Mescolare per amalgamare bene.

Condire i filetti di pesce con pepe nero (macinato) e sale marino; spalmare con glassa al miele. Prendi una pentola o padella media, aggiungi l'olio. Scaldare a fuoco medio. Aggiungere i filetti di salmone e cuocere per 3-4 minuti su ciascun lato finché non saranno dorati e leggermente dorati al centro. Servire caldo.

Nutrienti (per 100g): 481 calorie 16 g di grassi 24 g di carboidrati 1,5 g di proteine 673 mg di sodio

Farina di pesce all'arancia

Tempo di preparazione: 10 minuti
Tempo di cottura: 5 minuti
Porzioni: 4
Difficoltà: Facile

Ingredienti:

- ¼ di cucchiaino di sale kosher o marino
- 1 cucchiaio di olio extra vergine di oliva
- 1 cucchiaio di succo d'arancia
- 4 filetti di tilapia (4 once), con o senza pelle
- ¼ tazza di cipolla rossa tritata
- 1 avocado, snocciolato, sbucciato e affettato

Itinerario:

Prendi una teglia da 9 pollici; aggiungere l'olio d'oliva, il succo d'arancia e il sale. Combina bene. Aggiungere il filetto di pesce e coprire bene. Metti la cipolla sopra il filetto di pesce. Coprire con pellicola di plastica. Mettilo nel microonde per 3 minuti fino a quando il pesce sarà tenero e si sfalderà facilmente. Servire caldo, condito con avocado a fette.

Nutrienti (per 100g): 231 calorie 9 g di grassi 8 g di carboidrati 2,5 g di proteine 536 mg di proteine

Zoodles di gamberetti

Tempo di preparazione: 10 minuti

Tempo di cottura: 5 minuti

Porzioni: 2

Difficoltà: Facile

Ingredienti:

- 2 cucchiai di prezzemolo tritato
- 2 cucchiaini di aglio tritato finemente
- 1 cucchiaino di sale
- ½ cucchiaino di pepe nero
- 2 zucchine medie, a spirale
- Gamberetti medi da 3/4 libbre, sbucciati e puliti
- 1 cucchiaio di olio d'oliva
- nel succo e nella buccia di 1 limone

Itinerario:

Prendi una pentola o padella media, aggiungi olio, succo di limone e scorza di limone. Scaldare a fuoco medio. Aggiungere i gamberi e cuocere per 1 minuto su ciascun lato. Fai bollire l'aglio e il peperoncino per un altro 1 minuto. Aggiungi Zoodles e mescola delicatamente; Cuocere per 3 minuti fino a cottura. Condire bene, servire caldo con prezzemolo sopra.

Nutrienti (per 100g): 329 calorie 12 g di grassi 11 g di carboidrati 3 g di proteine 734 mg di sodio

Piatto di trota agli asparagi

Tempo di preparazione: 10 minuti
Tempo di cottura: 20 minuti
Porzioni: 4
Difficoltà: Facile

Ingredienti:

- 2 chili di filetto di trota
- 1 chilo di asparagi
- Sale e pepe bianco macinato, a piacere
- 1 cucchiaio di olio d'oliva
- 1 spicchio d'aglio, tritato finemente
- 1 cipollotto, affettato sottilmente (parte verde e bianca)
- 4 patate dorate medie, affettate sottilmente
- 2 pomodori romani, tagliati
- 8 olive Kalamata snocciolate, tritate
- 1 carota grande, affettata sottilmente
- 2 cucchiai di prezzemolo secco
- ¼ di tazza di cumino macinato
- 2 cucchiai di paprika
- 1 cucchiaio di condimento a base vegetale
- ½ bicchiere di vino bianco secco

Itinerario:

Aggiungi i filetti di pesce, il pepe bianco e il sale in una terrina. Mescolare per amalgamare bene. Prendi una pentola o padella media, aggiungi l'olio. Scaldare a fuoco medio. Aggiungere gli asparagi, le patate, l'aglio, l'aglio e cuocere finché diventano morbidi, 4-5 minuti. Aggiungere pomodori, carote e olive; Cuocere per 6-7 minuti fino a quando saranno morbidi. Aggiungere il cumino, la paprika, il prezzemolo, il condimento per il brodo e il sale. Mescolare bene il composto.

Mantecare con il vino bianco e il filetto di pesce. Fate bollire il composto a fuoco basso, coperto, per circa 6 minuti, finché il pesce non si sfalderà facilmente, mescolando. Servire caldo con cipolle verdi sopra.

Nutrienti (per 100g): 303 calorie 17 g di grassi 37 g di carboidrati 6 g di proteine 722 mg di sodio

Cavolo riccio, olive, tonno

Tempo di preparazione: 10 minuti
Tempo di cottura: 15 minuti
Porzioni: 6
Difficoltà: media

Ingredienti:

- 1 tazza di cipolla tritata
- 3 spicchi d'aglio, tritati finemente
- 1 lattina (2,25 once) di olive a fette, sgocciolate
- 1 chilo di cavolo riccio, tritato
- 3 cucchiai di olio extra vergine di oliva
- ¼ di tazza di capperi
- ¼ cucchiaino di pepe rosso tritato
- 2 cucchiaini di zucchero
- 1 lattina di fagioli cannellini (15 once).
- 2 scatolette di tonno all'olio d'oliva (6 once), sgocciolate
- ¼ cucchiaino di pepe nero
- ¼ di cucchiaino di sale kosher o marino

Itinerario:

Immergere il cavolo riccio in acqua bollente per 2 minuti; scolare e mettere da parte. Prendi una padella di medie dimensioni o una pentola a pressione, scalda l'olio a fuoco medio. Aggiungere la cipolla e mescolare fino a quando diventa traslucida e morbida. Aggiungere l'aglio e cuocere finché non diventa fragrante, 1 minuto.

Aggiungere le olive, i capperi e il peperoncino e cuocere per 1 minuto. Incorporare il cavolo cotto e lo zucchero. Coprite a fuoco basso e lasciate cuocere il composto per circa 8-10 minuti, mescolando man mano che procedete. Aggiungete il tonno, i fagioli, il pepe e il sale. Mescolare bene e servire caldo.

Nutrienti (per 100g): 242 calorie 11 g di grassi 24 g di carboidrati 7 g di proteine 682 mg di sodio

Gamberoni piccanti al rosmarino

Tempo di preparazione: 10 minuti
Tempo di cottura: 10 minuti
Porzioni: 6
Difficoltà: Facile

Ingredienti:

- 1 arancia grande, sbucciata e snocciolata
- 3 spicchi d'aglio, tritati finemente
- 1 chilo e mezzo di gamberetti crudi, privati dei gusci e delle code
- 3 cucchiai di olio d'oliva
- 1 cucchiaio di timo tritato finemente
- 1 cucchiaio di rosmarino tritato
- ¼ cucchiaino di pepe nero
- ¼ di cucchiaino di sale kosher o marino

Itinerario:

Prendi un sacchetto di plastica con chiusura a zip, aggiungi la buccia d'arancia, i gamberi, 2 cucchiai di olio d'oliva, aglio, timo, rosmarino, sale e pepe nero. Agitare bene e mettere da parte a marinare per 5 minuti.

Prendi una pentola o padella media, aggiungi 1 cucchiaio di olio d'oliva. Scaldare a fuoco medio. Aggiungere i gamberi e cuocere su ciascun lato per 2-3 minuti fino a quando saranno completamente rosa e opachi. Tagliate l'arancia a pezzetti e mettetela in una ciotola. Aggiungere i gamberetti e mescolare bene. Servire fresco.

Nutrienti (per 100g): 187 calorie 7 g di grassi 6 g di carboidrati 0,5 g di proteine 673 mg di sodio

Salmone agli asparagi

Tempo di preparazione: 10 minuti
Tempo di cottura: 15 minuti
Porzioni: 2
Difficoltà: Facile

Ingredienti:

- Mazzo di asparagi da 8,8 once
- 2 piccoli filetti di salmone
- 1 cucchiaino e ½ di sale
- 1 cucchiaino di pepe nero
- 1 cucchiaio di olio d'oliva
- 1 tazza di salsa olandese, a basso contenuto di carboidrati

Itinerario:

Condire bene il filetto di salmone. Prendi una pentola o padella media, aggiungi l'olio. Scaldare a fuoco medio.

Aggiungete i filetti di salmone e mescolate fino a quando saranno cotti in modo uniforme e ben cotto per 4-5 minuti per lato. Aggiungere gli asparagi e cuocere per altri 4-5 minuti. Servire caldo con salsa olandese sopra.

Nutrienti (per 100g): 565 calorie 7 g di grassi 8 g di carboidrati 2,5 g di proteine 559 mg di sodio

Insalata di tonno e noci

Tempo di preparazione: 10 minuti

Tempo di cottura: 0 minuti

Porzioni: 4

Difficoltà: Facile

Ingredienti:

- 1 cucchiaio di dragoncello tritato finemente
- 1 gambo di sedano, pulito e tritato
- 1 scalogno medio, tagliato a dadini
- 3 cucchiai di erba cipollina tritata
- 1 lattina di tonno (ricoperto di olio d'oliva), scolato e in scaglie
- 1 cucchiaino di senape di Digione
- 2-3 cucchiai di maionese
- 1/4 cucchiaino di sale
- 1/8 cucchiaino di pepe
- 1/4 tazza di pinoli, tostati

Itinerario:

Aggiungi il tonno, lo scalogno, l'erba cipollina, il dragoncello e il sedano in una grande insalatiera. Mescolare per amalgamare bene. Aggiungi maionese, senape, sale e pepe nero in una ciotola. Mescolare per amalgamare bene. Aggiungi la miscela di maionese all'insalatiera; mescolare bene. Aggiungete i pinoli e mescolate ancora. Servire fresco.

Nutrienti (per 100g): 236 calorie 14 g di grassi 4 g di carboidrati 1 g di proteine 593 mg di sodio

Zuppa cremosa di gamberi

Tempo di preparazione: 10 minuti

Tempo di cottura: 35 minuti

Porzioni: 6

Difficoltà: media

Ingredienti:

- 1 libbra di gamberi medi, sbucciati e puliti
- 1 porro, sia la parte bianca che quella verde chiaro, a fette
- 1 cipolla media finocchio, tritata finemente
- 2 cucchiai di olio d'oliva
- 3 gambi di sedano, tritati
- 1 spicchio d'aglio, tritato finemente
- Sale marino e pepe macinato a piacere
- 4 tazze di brodo vegetale o di pollo
- 1 cucchiaio di semi di finocchio
- 2 cucchiai di panna leggera
- Succo di 1 limone

Itinerario:

Prendi una pentola di medie dimensioni o un forno olandese e scalda l'olio a fuoco medio. Aggiungete il sedano, i porri e i finocchi e fate cuocere per circa 15 minuti, finché le verdure saranno tenere e dorate. Aggiungi l'aglio; condire con pepe nero e sale marino. Aggiungere i semi di finocchio e mescolare.

Versarvi sopra il brodo e portare a ebollizione. Lasciare cuocere il composto a fuoco basso per circa 20 minuti, mescolando man mano che si procede. Aggiungere i gamberi e cuocere fino al rosa, 3 minuti. Mescolare con la panna e il succo di limone; servire caldo.

Nutrienti (per 100g): 174 calorie 5 g di grassi 9,5 g di carboidrati 2 g di proteine 539 mg di sodio

Salmone piccante con quinoa vegetale

Tempo di preparazione: 30 minuti

Tempo di cottura: 10 minuti

Porzioni: 4

Difficoltà: Difficile

Ingredienti:

- 1 tazza di quinoa cruda
- 1 cucchiaino di sale, diviso a metà
- ¾ tazza di cetriolo, senza semi, tagliato a dadini
- 1 tazza di pomodorini, tagliati a metà
- ¼ tazza di cipolla rossa, tritata
- 4 foglie di basilico fresco affettate sottili
- Scorza di limone
- ¼ cucchiaino di pepe nero
- 1 cucchiaino ci cumino
- ½ cucchiaino di paprika
- 4 filetti di salmone (5 once).
- 8 barchette di limoni
- ¼ tazza di prezzemolo fresco, tritato

Itinerario:

In una casseruola media, aggiungi la quinoa, 2 tazze di acqua e ½ cucchiaino di sale. Riscaldali fino a quando l'acqua bolle, quindi riduci la temperatura finché non bolle. Copri la padella e lascia cuocere per 20 minuti, o finché non è indicato sulla confezione della quinoa. Spegnere il fuoco sotto la quinoa e lasciare coperta per almeno altri 5 minuti prima di servire.

Poco prima di servire aggiungete alla quinoa le cipolle, i pomodori, i cetrioli, le foglie di basilico e la scorza di limone, quindi mescolate il tutto con un cucchiaio. Nel frattempo (mentre la quinoa cuoce) preparate il salmone. Accendi la griglia del forno al massimo e controlla la presenza di una griglia sul fondo del forno. In una piccola ciotola, aggiungere i seguenti ingredienti: pepe nero, ½ cucchiaino di sale, cumino e paprika. Mescolarli insieme.

Posizionare la pellicola sopra una teglia di vetro o alluminio e spruzzare con spray antiaderente. Disporre il filetto di salmone sulla pellicola. Strofinare la miscela di condimenti su ciascun filetto (circa ½ cucchiaino di miscela di condimenti per filetto). Aggiungere gli spicchi di limone sul bordo della padella vicino al salmone.

Cuocere il salmone sotto la griglia per 8-10 minuti. L'obiettivo è che il salmone si divida facilmente con una forchetta. Cospargere il salmone con prezzemolo, servire con anelli di limone e prezzemolo vegetale. Godere!

Nutrienti (per 100g): 385 calorie 12,5 g di grassi 32,5 g di carboidrati 35,5 g di proteine 679 mg di sodio

Trota alla senape con mele

Tempo di preparazione: 15 minuti

Tempo di cottura: 55 minuti

Porzioni: 2

Difficoltà: Difficile

Ingredienti:

- 1 cucchiaio di olio d'oliva
- 1 cipollotto piccolo, tritato finemente
- 2 mele femmine, tagliate a metà
- 4 filetti di trota, 3 once ciascuno
- 1 1/2 cucchiaio di pangrattato, liscio e fine
- 1/2 cucchiaino di timo fresco e tritato finemente
- 1/2 cucchiaio di burro, fuso e non salato
- 1/2 tazza di sidro
- 1 cucchiaino di zucchero di canna chiaro
- 1/2 cucchiaio di senape di Digione
- 1/2 cucchiaio di capperi, sciacquati
- Sale marino e pepe nero a piacere

Itinerario:

Preriscaldare il forno a 375 gradi, quindi estrarre una piccola ciotola. Mescolare il pangrattato, lo scalogno e il timo prima di condire con sale e pepe.

Aggiungere il burro e mescolare bene.

Disporre le mele tagliate verso l'alto in una pirofila refrattaria, quindi cospargerle di zucchero. Spennellare la superficie con il pangrattato, quindi versare metà del sidro attorno alle mele e coprire la pirofila. cuocere per mezz'ora.

Coprite e fate cuocere per altri venti minuti. Le mele dovranno essere morbide, ma la mollica dovrà risultare croccante. Togliere le mele dal forno.

Accendi la griglia e regola la griglia a quattro pollici. Schiacciare la trota e condirla con sale e pepe. Distribuire l'olio su un pezzo di carta da forno, quindi posizionare la pelle della trota verso l'alto. Spennellate la pelle con l'olio rimanente e infornate per sei minuti. Ripeti per la mela sullo scaffale direttamente sotto la trota. Ciò impedisce alle briciole di bruciarsi e richiede solo due minuti per riscaldarsi.

Prendete una padella e mescolate il sidro rimasto, i capperi e la senape. Se necessario, aggiungi altro sidro per diluirlo e cuoci per cinque minuti a fuoco medio-alto. Dovrebbe avere la consistenza di una salsa. Versare il succo sul pesce e servire con una mela su ogni piatto.

Nutrienti (per 100g): 366 calorie 13 g di grassi 10 g di carboidrati 31 g di proteine 559 mg di sodio

Gnocchi con gamberi

Tempo di preparazione: 5 minuti

Tempo di cottura: 15 minuti

Porzioni: 4

Difficoltà: Difficile

Ingredienti:

- 1/2 libbra di gamberetti, sbucciati e pesati
- 1/4 tazza di scalogno, affettato
- 1/2 cucchiaio + 1 cucchiaino di olio d'oliva
- Gnocchi stabili da 8 once
- 1/2 mazzo di asparagi, tagliati in terzi
- 3 cucchiai di parmigiano
- 1 cucchiaio di succo di limone, fresco
- 1/3 tazza di brodo di pollo
- Sale marino e pepe nero a piacere

Itinerario:

Iniziate scaldando mezzo cucchiaio di olio a fuoco medio, quindi aggiungete gli gnocchi. Cuocere, mescolando spesso, fino a quando diventano carnosi e dorati. Ci vogliono dai sette ai dieci minuti. Metterli in una ciotola.

Scaldare il restante cucchiaino di olio con gli scalogni e friggerli finché non inizieranno a dorarsi. Assicurati di mescolarlo, ma ci vorranno due minuti. Mescolare la zuppa prima di aggiungere gli asparagi. Coprire e cuocere per tre o quattro minuti.

Aggiungere i gamberi, sale e pepe. Cuocere fino al rosa e cuocere, che dovrebbe richiedere circa quattro minuti.

Rimettere gli gnocchi nella padella con il succo di limone e cuocere per altri due minuti. Mescolare bene e togliere dal fuoco.

Spolverate con il parmigiano e lasciate riposare per due minuti. Il formaggio dovrebbe sciogliersi. Servire caldo.

Nutrienti (per 100g): 342 calorie 11 g di grassi 9 g di carboidrati 38 g di proteine 711 mg di sodio

Gamberetti Saganaki

Tempo di preparazione: 15 minuti
Tempo di cottura: 30 minuti
Porzioni: 2
Difficoltà: media

Ingredienti:

- 1/2 libbra di gamberetti sgusciati
- 1 cipolla piccola, tritata
- 1/2 bcchiere di vino bianco
- 1 cucchiaio di prezzemolo fresco e tritato finemente
- 8 grammi di pomodori in scatola e tagliati a cubetti
- 3 cucchiai di olio d'oliva
- 4 once di formaggio feta
- Sale a cubetti
- Un pizzico di pepe nero
- 14 cucchiaini di aglio in polvere

Itinerario:

Prendete una pentola, aggiungete circa due centimetri di acqua e portatela a bollore. Cuocere per cinque minuti, quindi scolare, ma conservare il liquido. Metti da parte sia i gamberi che il liquido.

Successivamente, scaldate due cucchiai di olio e, quando sarà caldo, aggiungete la cipolla. Friggere fino a quando la cipolla diventa trasparente. Aggiungete il prezzemolo, l'aglio, il vino, l'olio d'oliva e i pomodori. Lasciamo cuocere per mezz'ora e mescoliamo finché non si addensa.

Togliere le cosce dei gamberi, eliminare il guscio, la testa e la coda. Quando si sarà addensato, aggiungere alla salsa i gamberi e il succo dei gamberetti. Cuocere a fuoco lento per cinque minuti, quindi aggiungere la feta. Lasciare riposare finché il formaggio non inizia a sciogliersi, quindi servire caldo.

Nutrienti (per 100g): 329 calorie 14 g di grassi 10 g di carboidrati 31 g di proteine 449 mg di sodio

Salmone del Mediterraneo

Tempo di preparazione: 10 minuti

Tempo di cottura: 20 minuti

Porzioni: 2

Difficoltà: Facile

Ingredienti:

- 2 filetti di salmone, senza pelle, 6 once ciascuno
- 1 tazza di pomodorini
- 1 cucchiaio di capperi
- 1/4 tazza di zucchine, tritate
- 1/8 cucchiaino di pepe nero
- 1/8 cucchiaino di sale marino, fine
- 1/2 cucchiaio di olio d'oliva
- 1,25 grammi di olive mature, affettate

Itinerario:

Preriscaldare il forno a 425 gradi, quindi cospargere entrambi i lati del pesce con sale e pepe. Disporre il pesce in un unico strato sulla teglia dopo averla ricoperta con spray da cucina.

Mescolare i pomodori e gli altri ingredienti, versare il composto sui filetti e infornare per ventidue minuti. Servire caldo.

Nutrienti (per 100g): 322 calorie 10 g di grassi 15 g di carboidrati 31 g di proteine 493 mg di sodio

www.ingramcontent.com/pod-product-compliance
Lightning Source LLC
Chambersburg PA
CBHW071828110526
44591CB00011B/1264